G. W. F. Hegel

System der Sittlichkeit

伦理体系

[德] 黑格尔 著

王志宏 译

人民出版社

目　录

导　　言[1]

为了认识绝对的伦理(Sittlichkeit)[2]这一理念,直观必须被设立为是和概念[3]完全相即的,因为,理念本身无非就是这二者的同一性。但是如 [415]

① "导言"二字原文无,由于这一部分比较独立,又具有总体上引入全文的意蕴,所以把它单独作为一部分,并以"导言"命名。——译者注

② Sittlichkeit,在这里不是指一种道德哲学,而是指一种伦理秩序或者伦理社会的和政治的生活。——英译者注(本书绝大多数注释取自 T. M. Knox 和 H. S. Harris 的英译本,另有两条注释取自 Felix Meiner 出版社的德文版)

③ 直观和概念这两个术语可以追根溯源到康德。有待解决的问题是经验的特殊的和普遍的方面的"综合"问题。日常的"有限的"意识从来就无法达到两者之间的"关系",在这里,处于支配地位的,要么是"特殊"的一极,要么是"普遍"的一极,要么"概念"被归摄于"直观"之中,要么相反。但在黑格尔看来,在形而上学中,终极的真理是普遍和特殊、或者主体和客体的同一性,它在绝对中并且作为绝对存在;然而政治的和伦理的生活的理念(观念的或真实的形式)则是统治者和被统治者的同一性,或者个体的福利和整体的福利的同一性。这一点在黑格尔的《法权哲学原理》中有清晰而明确的说明,但是在这里还是刚刚显示出轮廓。

格奥尔格·拉松(Georg Lasson)在"导言"中说:"对黑格尔而言,伦理生活是现实性自身,把所有的生活环节纳入自身之中的生活的总体性,以及他在其他地方所说的主观—客观性(subject-objectivity)。根据客观性的环节所把握到的这种现实性,以及作为客观的主观—客观性(objective subject-objectivity),就是自然,一种被给予性(givenness)。"另一方面,作为根据主观性的环节被把握到的主观—客观性,它就是把现实性紧握在自身之中的自我意识的个别性。首先,被给予性的一面,黑格尔称之为"直观",其次,个别性的一面,黑格尔称之为"概念"。伦理现实性的总体性是通过双方之间的交替归摄而被建立起来的。拉松自己的观点是,"直观和概念的这种二元论对黑格尔的思想发展来说,与其说是一个外援,不如说是一副镣铐。"在这里,我们已经从字面上译解了黑格尔的术语,但是,如果我们完全抛弃黑格尔的术语而代之以意译,很可能他的意思会表达得更清晰些。然而,如果时时把黑格尔的表达方式牢记在心,他的术语本意之译解就不会那么晦涩难懂,无法索解了。"直观"相当于"可知觉的特殊",而"概念"相当于"抽象的普遍"。在黑格尔看来,与概念分离的直观和与直观分离的概念都是抽象,尽管对于一种基于(与理性有别的)知性

果这种同一性已经因此而被认识了，那么，它必须被思考为一种相即状态（Adaequatsein）。但是，因为它们被当作是具有同等地位而互相外在的，所以它们由于具有某种差异而被设立为，一方面具有普遍性的形式，另一方面具有与之相反的特殊性的形式。因此，为了完全设立起这种平等的关系，首先反过来，在这里被设立为具有特殊性形式的东西现在【必须】被设立为具有普遍性的形式，而同时，被设立为具有普遍性形式的东西现

的哲学来说，它们是与我们的经验的组成部分相互联系在一起，但是，并没有综合为或者统一为一个具体的整体。对于黑格尔来说，它们是被如此综合在一起的，以及它们的确形成了一个具体的整体，即便整体是"观念性的"（ideal），即便在实在性（reality）中它们是分离地"实在化的"（realized），这才是真理。譬如，在实在世界中，我们能够在个别公民和它属于其中的整个民族之间做出区分，也能够在犯罪和法律的权力之间做出区分。但是，隐藏在"直观"和"概念"这种区分背后的真理，是它们的观念的和现实的统一性。在观念的伦理秩序中，政府和被统治者是合一的。尽管这是"观念的"，同时它也是实际存在之物的"真理"。后来，黑格尔通过对"实在的"（real）和"现实的"（actual）作出区分，把这个观点表达得更加清晰明确：一个坏的政府或许是"实在的"，但它却不是"现实的"，就像一个人或许是"实在的"，但却不是"现实的"，因为它不符合人之为人的规定。这让我们回忆起柏拉图式的"形式"，但是黑格尔"仅仅"把这些看成是观念的；在他看来，这种观念不是那么无能，以至于它根本就不能实在地实存。观念不是超越的和遥不可及的，而是实在性的内在真理和本质。"理念"（Idea）是绝对真实的东西；它是直观和概念、特殊和普遍、实在和观念、形式和内容的综合，而没有对于以前的哲学来说仅仅是"相关的"但却永远不会统一的所有对立。

这样一种"关系"的哲学或者开始于，或者强调，对立的一方并把另一方"归摄"于其中。但是，无论从哪一方开始都是一种独断。从一方开始而排斥另一方所产生的结果与原来的预设相矛盾。职是之故，黑格尔一开始就审查伦理生活会是个什么样子，如果我们认为它是建基于关系之上，而不是建基于绝对的统一性或者综合的话。这种审查必然是双重的：首先，我们预设概念归摄于直观之中，即，特殊物与普遍物建立关系，是通过主宰普遍性，或者是通过被看作整体的基础，而毫无疑问，抽象的普遍物来自这个基础。其次，我们可以执行相反的程序，即，我们预设普遍物是主导性的，而特殊物仅仅是普遍物的"举例说明"而已——特殊的"直观"被归摄于"概念"之中。

这种审查的结果是无法令人满意的。有两种观察社会和政治领域的方式都是可能的：一种方式处于比较低级的阶段，会被另一种更高阶段的方法所扬弃；但是二者都意味着，普遍性和特殊性是彼此相关的，就好像社会生活分裂成两个极端并因此而受到破坏。"那里有缺失，哎！"正如歌德所言，"精神的纽带"。由于以这种方式分裂了，关联的纽带被折断了，取代活生生的整体的，是留给我们的僵死的抽象。真正绝对的伦理秩序是一个在其中真正存在差异的活生生的整体，但是它们是通过共同生活而统一在一起的差异，就像物质的部分之于活的物质。——英译者注

在也必须被设立为具有特殊性的形式。[1] 但是，真正具有普遍性的东西是直观，而真正具有特殊性的东西则是绝对的概念。如此一来，每一方都被设立为与他者相对立，此时被置于特殊性的形式之下，彼时则被置于普遍性的形式之下；此时直观必须被归摄于(subsumiert)概念之下，彼时概念则被归摄于直观之下。尽管最后的关系是绝对的关系，鉴于已经给出的理由，如果想要认识它们的完全的平等(Gleichheit)，那么，最初的关系恰恰具有绝对的必要性，因为后一种关系自身是一种关系且仅仅是一种关系，并且因此，直观和知识之间的绝对平等就不是在其中被设立起来的。现在，绝对的伦理这一理念，就是要让绝对的实在性(absolute Realitaet)返回到它自身之中，返回到某种统一性(Einheit)；因此，这种返回和这个统一性是绝对的总体性(absolute Totalitaet)。这个总体性的直观就是一个绝对的民族(absolutes Volk)，而它的概念就是诸个体性的绝对合一状态(Einssein)。

首先，直观必须归摄于概念之中。因此，绝对的伦理显现为自然 [416]
(Natur)，因为自然本身不过是把直观归摄于概念之下而已，因此结果竟然是，直观、统一性保持为内部之物，但是概念的多样性及其绝对的运动上升到了表面。在这种归摄之中，伦理的直观就是一个民族，它变成一个多样性的实在性或者某种个别性，一个个别的人；结果是，自然向其自身的绝对返回变成了盘旋于这个个别物之上的某种东西，或者说某种形式的东西，因为自身既非绝对的概念又非绝对的运动的那种统一性正好是形式的东西[2]。与此同时，正是由于统一性盘旋于这个个别物之上，它无法从统一性中分离出来，或者把自己从中抽象出来(abstrahiert)；毋宁说，统一性就存在于个别物之中，但却是隐藏在个别物之中；它显现于这种矛盾之中，即这种内在的光明无法与普遍的光明绝对地协调(zusammen-

① 即是说，可能不存在不同于单纯的平等的、普遍和特殊的同一性，除非普遍被特殊化和特殊被普遍化。——英译者注

② 赫林(《黑格尔》第二部，第348页)把这个段落描述成为“绊脚石”，这并不令人感到惊讶。——英译者注

schlaegt)或者合一,而这种盘旋在个别物之上的普遍的光明是驱动它向前的某种东西,是冲动,是奋力向前(Streben)。或者,按照这种方法,普遍物与特殊物的这种同一性(即是说,现在,直观走到了特殊物这一面),将自身规定为一种不完全的统一(Vereingung),或者二者之间的某种**关系**。

I. 基于关系的绝对伦理 [417]

正如前面一样，这里必须再次进行划分。这种基于关系的绝对的伦理或者说自然的伦理，必须被如此加以对待，以至于概念会被归摄于直观之中，以及直观会被归摄于概念之中。在前一种情况中，统一性是普遍物，是内在物，而在后一种情况中，统一性和概念或者特殊形成了对立，并且再次与概念或者特殊处于一种关系之中。① 在这两种情况下，伦理都是一种冲动(Trieb)。也就是说，这种冲动，(a)不是一种具有绝对统一性的绝对冲动，(b)它会对个别物产生影响，(c)它在这种个别物中将会获得满足，这种个别的满足自身就是总体性，但是(d)与此同时，它超出了这种个别物，虽然这种超出在这里根本上是某种否定的东西、无规定性的东西。

满足自身无非就是概念和直观的合而为一(Eins)。因此，它是一种总体性，一种活生生的但又是形式性的总体性，因为正是在这个阶段上它存在着，而这个阶段本身是一个确定的阶段，并且这种绝对的生命盘旋于它之上，它只是尽可能地保持为某种内在的东西。但是，绝对的生命保持为某种内在的东西，这是因为它不是绝对的概念，并且因此，作为内在的生命，它并不能同时以对立物的形式，亦即，以外在物的形式现成存在(vorhanden)。正是由于这个原因，它不是绝对的直观，因为它在关系中**对于**主体**而言**并不现成存在，并且它的同一性同样不能

① 每一种归摄都有两个对立的归摄过程作为它的“环节”。无论这统一性是内在的思想，还是外在的实在性，在逻辑发展的适当阶段，它在等式的两边显现为与特殊处于关系中的概念，或者与概念处于关系中的特殊。——英译者注

够成为绝对的同一性。

A.

一次幂(Potenz)①是作为直观②的自然的伦理;它是完全无差异的伦理,或者说,把概念归摄于**直观**之中,或者本己的自然。

[418] 但是,就其本质而言,这种伦理的东西自在自为地是差异地返回到自身之中,是一种重建;同一性源自差异,就其本质而言它是否定性的;它如此存在着,这预设了它要消灭的东西存在着。因此,这种伦理的自然性(Natürlichkeit)也是一种揭示,是普遍物在特殊物之中形成的过程,但是以这样一种方式,即形成过程本身还完全是全部处于被遮蔽状态之中的一种特殊的东西,同一的东西,绝对的量。这种直观,由于完全沉浸于个别物之中,就是**情感**(Gefühl),我们想称之为**实践的**幂。

这一阶段的本质是,情感不是那种人们称之为"伦理的情感"(sittliche Gefühl)的东西,而是那种完全个别的和特殊的东西,但是,就此而言,它是被分离的,是一种不会为任何东西扬弃的差异——除了被它的否定,对于主体和客体之分离的否定;并且,这种被扬弃状态自身就是一种完全的个别性和无差异的同一性。

分离的情感是**需要**(Bedürfnis);情感作为分离的被扬弃状态是**享受**(Genuß)。

作为幂的[情感的]区别性特征是,情感存在于特殊物之中,牵涉到

---

① Potenz 这个词的意思是"幂"(power),它源自数学术语,在数学中,x 被提升到第二、第三或者第 n 次幂。谢林把他的绝对描述成一系列的幂(Potenzen)。黑格尔也是在这个意义上使用这个词语的,但是,后来黑格尔基于以下理由而抛弃了这个词,即它是一个纯粹表示量的词(quantitative),而不是表示质的。在这里,"level"而不是"power"似乎更能毫不含糊地表达黑格尔的意思。——英译者注

② 例如,个体或者特殊的主导性。主体不同于客体,他被驱迫着克服这种差异。驱迫或者本能是自然的,因此"自然的"伦理的或社会的生活是和作为关系的生活等同的。主体和客体是相关联的,而不是统一的。差异还没有被克服。——英译者注

个别物，以及这是绝对的情感。但是，这种向前推进到扬弃(Aufheben)主观性与客观性之分离的情感必定会把自己展示为一种总体性，而且因此，它是[作为关系的伦理的]的诸幂的总体性。

这种情感，(a)归摄了概念，并且(b)被归摄在概念之中。

a)

如果情感被展现为归摄了概念的东西，那么，形式的情感概念也就被展现出来了：这正是前文提到过的它的概念；也即是说，[在那里存在的概念包括]α)这种完全和绝对地同一的东西和无意识的东西的被扬弃状态(Aufgehobensein)、分离以及这种作为情感或者需要的分离，β)与这种分离相对立的差异；但是，这种差异是否定性的，也就是说，是对分离的消灭【边页：对于客体的欲望、对客体的观念性的规定】；对主观和客观的消 [419]
灭，对经验性的客体直观的消灭，依据这种取消，需要的客体是外在的；或者，这种消灭是努力和劳动；(γ)这种客体的被消灭**状态**，或者前面那两个环节的同一性；有意识的情感，也就是说，从差异性中产生的合一，即**享受**。

把情感归摄于概念之中，或者更实在地说，实践的情感这一概念在它所有维度中的展开，必然使情感a)依照形式或者概念的本性而展现在它的诸维度中，b)但是，是以这样一种方式，即某种整体、情感自始至终地保持着，而这种形式对于情感而言全然是一种外在的东西。

α)实践的情感，或者享受，一种没有直观、没有差异并且也没有理性的同一性，因此向前推进到对于对象的绝对消灭，并且因此对于伦理的东西来说，它是一种主体的完全无差异，而没有突出某种把对立面统一于自身的中间项；因此，这里就不存在直观把自己退回到自身之中，并且在这里也不存在主体中的自我认识。

αα)在这里，需要是一种绝对的个别性，一种把自身限制于主体之上的情感，它完整地属于自然。这里还不是理解它的多样性和体系的场合。

吃与喝[就是这样的范例]。①

ββ)借助于这种差异,一种内在之物和外在之物被直接地设立起来了,而且,根据情感的规定性,这种外在之物被直接地规定了(即,作为可食用的和可饮用的东西)。因此,这种外在的事物不再是某种普遍的东西、同一的东西、量的东西,而变成一种个别的特殊物。尽管主体在这种情感中和在[主体与客体的]分离过程中被设立的关系中呈现为个别状态,但是,他自在地保持为一种无差别的东西。他是普遍物,是幂,是具有归摄权力的某物(Subsumierende)。这种规定性,即享受的客体在这次幂上获得的规定性,是完全观念性的和主体性的,而客体直接就是它自己的对立面。② 这种规定性不能以下面这种方式进入直观的客观性之中,即某物是由于能够认识作为主体和客体的同一性的某物的主体才出现
[420] 的。——或者,这种同一性被孤零零地设立在个体之中,结果是,由于客体是纯粹被观念性地规定的,客体就被简单地消灭了。

γγ)在享受中,客体被纯粹观念性地规定了,而且被完全消灭了,这种享受是纯粹感官上的享受;即,这种满足就是个体的无差异和空虚状况的重建,或者,它成为伦理物和理性物这种纯粹可能性的重建。享受是纯粹的否定,因为,它会导致个体的绝对个别性(Einzelnheit),因而也会导致对客体和普遍物的消灭。但是,享受本质上仍然保持为实践的,并且与绝对的自我情感区分开来,这是凭借以下这一点,即它从差异继续向前推进,而在那个程度上,它就是他身上的一种对于客体的否定性的意识。③

---

① 需要是主观的,它通过消灭客体,比如在吃中获得满足。当情感作为需要而积极地满足自己时,它是实践的。在这个阶段,主客体的统一涉及对于客体的物质的同化和客体的消灭。——英译者注

② 即,对主体而言,它是可吃的,因此它的可吃的特征就是主观的,而不是客体与生俱来的。——英译者注

③ 需要意味着在它自身与被需要的东西之间的一种差异。享受以这种差异为前提。它不是一种自我孤独的情感,没有任何对于客体的意识。于是,主体和客体之间的这种差异和关系持续存在着,尽管**这种**可吃的客体已经消灭了。——英译者注

b）

以差异的形式出现或者以把直观归摄入概念之中的形式出现的情感，它自身必须被同样地理解为一种总体性：

αα）作为否定性的实践的直观（劳动），ββ）差异（生产和占有），γγ）工具。[①]

归摄于概念之中的实践的情感展示了作为实在性的总体性的四分五裂的诸环节。这些环节包括：

α）【边页：这是一种归摄于概念之中的直观；劳动本身是客体的归摄；主体是无差异，归摄者；在主体作为归摄者的地方，概念处于主导地位。】客体的或者直观的消灭，但是是作为环节，以这种消灭被另外一种直观或者客体所取代的方式；或者纯粹的同一性，消灭的能动性是固定的；在这种活动中，它是出于享受而被抽象化了，也就是说，抽象没有被达到；因为这里的每一种抽象都是一种实在性，一种存在。客体不是作为客体一般被消灭，而是凭借这样一种方式，即它被另外一种客体所取代[②]，因为在这种作为抽象（Abstraktion）的消灭中，不存在客体，或者不存在享受。但是，这种消灭是**劳动**，通过劳动，被欲望所规定的【客体】被扬弃了，就它自为地是某种不被欲望所规定的客体、就它自为地是实在的事物而言；而通过作为直观的欲望所得到的规定性，被客观地设立起来了。在劳动中，欲望和享受之间的差异被设立起来了；如果享受受到阻碍而被迫推延，它就变成观念性的东西或者一种关系，而通过劳动，在这种关系的基础上，现在被设立为直接形成的事物包括： ［421］

（ⅰ）客体和主体之间的联系，或者是通过欲望而得到的客体的观念性的规定：这就是获得［对客体的］占有（Besitzergreifung）；

（ⅱ）其次，客体的形式的真正的消灭，因为客观的东西或者差异保

① γγ）在这个阶段上一起消失了，而ββ）则是部分地消失。——英译者注

② 即主体作用于其上的客体。——英译者注

留下来了,或者劳动自身的能动性保留下来了;

(iii)最后,对产品的**占有**,或者把产品作为某种【自为地真实的】东西的消灭的可能性,通过和它的内容相关的第一种关联,以及通过第二种关联,这第二种关联在于消灭它的形式而又通过主体赋予它以一种[新的]形式,即,一种把它转变为享受的可能性,然而,这种转变保持为完全观念性的。

占有在实践的情感这个一次幂上还没有出现,而同样地,在那里,占有纯粹是作为一种环节;或者毋宁说,它们都不是真实的环节;它们不是固定不变的,或者相互之间保持区分(在这里,根本不可能有关于占有的法权基础的或者占有的【某一】方面的问题)。

获得占有是[把产品归摄于主体]这种归摄的观念物,或者它的静止;劳动[第二个环节],是实在性或者运动,是归摄着的主体进入客体的实在性之中的入口;第三个环节,综合,是客体的占有、保存以及储存。在这第三环节之中出现了根据第一个环节而形成的那种观念性的规定,但是,根据第二个环节,它出现在作为实在(reell)的客体中。

β)在α)中,产品已经在形式上得到了规定;[产品被规定]为观念性规定的同一性,但是是作为和客观实在物相分离的同一性;然而,本质性的东西是同一性、能动性自身,并且是内在的事物(Inneres),它不会显露出来;它必须在客体中显露出来,而这个二次幂ββ)观察到受到阻碍的
[422] 情感与在消灭中受到阻碍的客体之间的关系,或者观察到甚至在劳动中出现的差异,也就是说,这种差异存在于客体的实在性和客体的自己的本性之间,存在于它那被劳动所规定的观念性的形成和被劳动所规定的存在方式之间。在αα)中,被归摄的是客体,而在这里,被归摄的是主体。或者,在αα)中,在劳动中的观念性的关系得到考查,在这里,得到考查的是实在的关系。在这里,劳动被恰如其分地**归摄于直观之中**,因为客体自在地就是普遍物,因此,在客体进行归摄的地方,主体的个别性有其本己的合理的位置;主体是自在的概念,差异,它归摄着。

在αα)中,劳动总体上是机械的,由于个别性、抽象、纯粹的因果关

系是作为无差异的形式而呈现出来的;它处于支配地位,并且因此是某种外在于客体的东西。与此同时,因果性被设立在真理之中,因为这个主体【是】某种个别的、绝对自为地存在着的东西,因此它也就是绝对的分离和差异。有鉴于此,当客体和普遍物正在归摄之时,因果性就缺席了,因为自在的客体是特殊物的无差异,和与特殊物的合一;而对于与特殊物的合一而言,特殊性是纯粹外在的形式,而不是内在的本质,不是主体性的存在。

因为客体把劳动归摄于自身之中,它在作为实在(因为此前它被消灭了,被设立为某一客体的纯粹抽象)的关系中存在,所以,作为归摄者,它是普遍和特殊的同一性,是与主体相对立的、抽象中的特殊。按照这种方式,劳动也是一种实在的或者有生命的劳动,并且它的活力是作为总体性而被认识的,但是[总体性]的每一个环节自身都被[认识]为活生生的个体劳动,为特殊的客体。

对于归摄着的、活生生的客体和活生生的劳动而言,存在着一种归摄于概念之中的直观,和因此而归摄于直观之中的概念,以及二者的同一性。

αα)归摄于概念[普遍物]之下的活生生的客体[特殊物]是植物,植物与大地上的要素或者纯粹的量紧密联系在一起,在它(通过概念)生产出——这种生产变化多端,无穷无尽——它自己的全部的个体性和总体性之时,它与空气要素相抗而生产自身。植物的每一部分自身都是一个个体,一株完整的植物;它在与无机的自然进行对抗中保持自己,这仅仅是【因为】,在每一个接触点上它都完全地生产出自己,(或者由于在根茎上枯萎),它投身于生产(投身于绝对的概念,这个绝对概念就是它自身的对立面)。因为以这种方式,植物扎根于要素[大地]的强力(Gewalt)之中,所以,[园艺的]劳动主要地是与这种因素直接处于冲突之中,并且是机械性的,但是它接受了那种要素以促进植物的生产。劳动很少有或者压根儿就不会有植物的特殊的活力;由于它所改变的东西完全只是要素的外在形式,而不是以化学方式毁灭它,所以,劳动是更有生命力的

[423]

(lebendiger);这种形式就是无机的自然,这个自然本身是只与某种活生生的东西联系在一起的,并且任其自生自灭。

ββ)归摄于直观之下的生命物的概念是动物。由于这种归摄自身【是】单方面的,而又不是像以前那种方式归摄于概念之下的直观,所以,这里的活力(Lebendigkeit)是一种经验性的实在的活力,无限分散的活力,它以最为多种多样的形式展示自己。因为,形式或者绝对概念自身不会再次成为统一性或普遍性。因此,这里有的是没有智力的个体性(Individualität),而不是像在植物中的情况那样,在那里,个体的每一个统一性自身就是众多的统一性的集合;相反,这里存在的是在扩展了的差异和区分之中的无差异。

施加给动物的劳动不是直接面向它的无机自然,而是面向它的有机自然自身,因为,客体不是一种外在的要素,而是个别性的无差异。归摄(Subsumieren)被规定为为了和动物的本性相适合的利用方式而对于动物的特殊性的驯服;如果从更加否定的意义上说,归摄就是一种强制,如果从更加肯定的意义上说,归摄就是动物的信任;同样是现在,正如植物被要素所规定,注定在被吃掉中被消灭的动物,规定了它们的自然的生产。

如果植物的利用是非常简单的,而且如果为它们[付出的]劳动是某种主体的需要,或者,当这种劳动以主观的形式呈现出来,那么,[它们提
[424] 供的需要就是营养的需要],而营养是无机的,或者在极低的程度上是有机的和个体化的,因此不是对个体——无论是人类个体,还是动物个体——的较高层级的差异的营养;它的感应性非常虚弱,无能向外,这种消灭因为植物的虚弱的个体性而是一种虚弱的消灭——对于我们的愉快而言,它们提供了感官享受(嗅和看),这种享受要比消灭了的【那些享受】精致得多,因为植物没有被消灭(嗅和看)。或者,这是植物的享受的幂,正如动物的幂是它们的驯养。这里牵涉到的享受是感官性的,因为感觉就是人之中的动物的幂,这种作为感觉的情感的个体性,就是一个个体,它不是像手等等一样的[一个组成部分],而是一个完整的组织(Or-

ganisation)。作为享受,吃掉植物是作为情感的将概念归摄于直观之下;由此,对植物的劳动是把直观归摄于概念之下。因此,从劳动的观点来看,培育植物,栽培植物,是把概念归摄于直观之中;相反的情况是从享受的观点来看,因为个别的感官的享受就是享受的个别化。【边页:请注意,从归摄的角度看,享受和劳动是相反的。】

从主体的角度来看,动物的驯养是一种更多方面的需要,但是只要它们还是手段,它们就还不能在这里进行考查,因为这不是把概念归摄于直观之中,也还不是对于活生生的劳动的顾虑。——这种劳动是一种就运动和特长而言的动物的联合,而这种繁殖的快乐首先是与这里相关的顾虑。

γγ)这两次幂的绝对的同一性是,一次幂的概念是一个具有二次幂的同一性的概念,或者是绝对的概念:智力(Intelligenz)。归摄于这种直观之中的劳动是片面的归摄,因为正是在这个过程中,这种归摄自身被扬弃了。这种劳动[产生智力的劳动]是一种总体性,由于这种总体性,一次幂和二次幂上被分离的归摄,现在被设立在一起。人(Mensch)是一个就他的他者而言的幂、普遍性,然而这个他者就他而言也是如此;因此,他把他的实在性、他自己特定的存在以及他在实在性中的影响,转变为吸收到无差别中的东西;他现在相对于一次幂而言是普遍物。**教化**(Bildung) [425]
是绝对概念中的这种绝对的交换,在这种交换中,每一个主体和普遍物同样是绝对的,他直接把他自己的特殊性转变成普遍性,在这种摇摆不定中把自己设定为一个普遍,而且同时在这个环节中把自己设立为一个幂,并因此而与这个幂存在(Potenzsein)以及与在这个存在中的无中介的普遍性相对立,因此,他自己才成为一个特殊物。他者的观念性的规定是客观的(objektiv),但是是以这样一种方式,即这种客观性直接被设立为主观性的,并且变成原因;因为,如果某物被当作一种就他者而言的幂,它绝对不是在与之相对立的关系中的纯粹的普遍性和无差异;相反,它必定是自为的存在者、被设立者,或者是一种真正绝对的普遍物;这种普遍物就是达到它的最高程度的智力。正是考虑到这同一个方面,它是一种普遍物,正如它是一种特殊物，这两者无中介地和绝对地合而为一；相反，植物和动物是在[与它们的特殊性]不同的考虑中是普遍物。

这种关系的概念是，它是前面两个幂的同一性，但是作为总体性，它本身归入这三个幂的形式之下。

（ⅰ）作为情感或者作为纯粹的同一性：依照情感，客体被规定为某种被欲望的东西。但是在这里，生命物并不是通过对它的加工而得到规定的；它应当是一种绝对的生命物，而它的实在性、它的明确的自为的【存在】，都被简单地规定为它所欲望的东西，即，通过自然，这种欲望的关系本性上完全弄成了客观的，这种关系一方面表现为无差异的形式，而另一方面则表现为特殊性【的形式】。在每一极（Pols）的最完整的个体性中的这种最高的有机的极性，就是自然能够产生的最高的统一性。因为它无法超越这一点：差异不是实在的，而是绝对观念性的。两性直接地处于相互的关系中，其中一方是普遍物，而另一方是特殊物；它们不是绝对地平等的。如此一来，它们的合一状态并不是依照绝对的概念的方式，而是无差异的情感，因为它是完满的。它们自身的形式之消灭是相互的，但不是绝对地相同的；每一方都在他者中直观到他/她自身，尽管这个他者是一个陌生者，而这就是**爱**（Liebe）。这种自我在一个陌生者当中的存在令人难以捉摸，因此这属于自然，而不是属于伦理，因为后者，就其处在
[426] 有差异的[极]的关联中而言，是二者的绝对平等——并且，就他们与合一状态的关系来说，这是通过观念性而达到的绝对合一状态。但是，自然的观念性保持在不平等之中，并因此而保持在欲望中，在欲望中，一方被规定为主观的东西，而另一方被规定为客观的东西。

（ⅱ）确切地说，直观在其中被归摄于概念之下的这种活生生的关系，作为对立面的规定性是观念性的；但是是以这样一种方式，即由于概念的支配作用，尽管不存在欲望，差异依然保持在其中。或者，这种对立面的规定性是一种表面的规定，而不是自然的、实在的规定，而实践性的东西确实向前推进到对于这种对立的规定性的扬弃，但不是在某种情感中，而是以这样一种方式，即通过在一个陌生人之中它变成了对自己的直

观，而因此以一个完满的对立的个体性而结束，因此，自然的合一状态进而被扬弃了。这就是**父母亲**和**子女**的关系。二者的绝对合一状态直接地分离成一种关系。孩子是主观的人，但是是以这样一种方式，即这种特殊性是观念性的，[人]的形式仅仅是一种外在的（表现）。父母亲是普遍物，而自然的劳动着手扬弃这种关系，就像是父母亲的劳动所做的那样，因为它们持续不断地扬弃孩子的外在的否定性，并且通过这样做，从而达到一个更大的内在否定性，以及因此设立更高的个体性。

（ⅲ）但是，劳动的总体性是完全的个体性，以及因此是对立面的平等，在这种平等中，关系被设立起来而又被扬弃；它在时间中显现，进入到所有的瞬间并转变为对立的环节，依据上面已经指出的方式。这是普遍的相互作用和人的**教化**。在这里，这种相互性的绝对平等存在于内在的生活之中，而依照我们身处其中的整个幂，关系持久地存在于个别物之中。这是一种承认（Anerkennen），这种承认是相互的，或者是最高的个体性和外在的差异。在这里，在这些幂上，它从一次幂前进到三次幂，或者说（a）情感的统一扬弃了自身，正因为这个原因，（b）欲望和与之相应的需要，以及（c）[在三次幂上]，每一个都是一个平等的、独立的本质。事实是，这些存在者的关系是爱和感觉，这是一种外在的形式，不会影响作为它们置身于其中的那种普遍性的关系的本质。

c） [427]

最初的两次幂是相对的同一性。绝对的同一性是某种主观的同一性，外在于它们的东西。但是由于这次幂自身就是总体性，那么，理性的东西（das Vernuenftige）自身也必须显露出来，并且是实在的；它隐匿在形式的幂的表象之中。这种理性的东西就是那个进入中项之中的东西；它是主体和客体的本性的中项，或者是二者的中介物。

这个中项同样也以三个幂次的形式实存着：

α）归摄于直观之下的概念。这个幂因此完全隶属于自然，因为这个作为智力之根据的差异,是不会作为归摄于概念之中的直观出现于智力之中的,因此也就是绝对的无差异,但不是依照自然性,因为自然性是在形式的幂次上出现的,它不能将自己从差异中解放出来。与此同时,这个中项不是迄今为止作为情感而出现的形式的同一性,而是一种实在的、绝对的同一性,一种实在的、绝对的情感,在实在性的全部方面自为地存在着的绝对的中项,并且作为个体而实存着。这样一个中项是孩子,它是最高的、个体性的自然情感,一种关于充满生机的两性之总体性的情感,以至于他们完全地在孩子身上存在,以至于他因此【是】绝对实在的,他自身自为地【是】个体性的和实在的。情感被实在化了,结果,它成了自然存在物的绝对的无差异,以至于在它之中绝没有任何片面性,绝不缺少任何一种状况。他们的统一性因此是完全真实的,并且由于他们[父母亲]自身依照本性是实在的和被分离的,并且他们的个体性不能被扬弃,因此,他们的统一性的实在性是一种本己地实在的本质,是一个个体。在这种被完全个体化和实在化的情感中,父母把他们的统一性直观为实在性;他们就是这种情感自身,而它就是从他们身上诞生出来的可见的同一性与中项。——这就是自然的实在的合理性,在其中,性别的差异被完全消灭了,二者处于绝对的统一性之中;活生生的实体。

β)被归摄于概念之下的直观是差异中的中项,或者它单独就是真实
[428] 的中项存在的形式,然而实体是僵死的内容;根据概念的差异,中项自身是完全外在的,然而内部之物(das Innere)是纯粹的和空虚的量。这个中项就是**工具**(Werkzeug)。由于在工具中形式或者概念处于主宰地位,它是从自然界中抢夺过来的,而两性之爱的中项属于自然,而且它存在于观念性之中,属于概念;或者它是依据概念的本质才会呈现出来的绝对的实在性。在概念中,同一性是未被充实的和空虚的;由于消灭了自身,它展示的仅仅是极端。在这里,消灭受到了阻碍;空虚性是真实的,同时,诸极端是固定不变的。一方面,工具是主体性的,受正在劳动的主体的控制;它是完全由他来规定的,是他所制作的和加工的;从另外一个观点来看,它客观地指向劳动的对象。借助于[在主体和客体之间的]这个中项,主

体扬弃了消灭的直接性;因为劳动,作为一种直观[特殊的客体]之消灭,同时也是一种主体之消灭,一种否定,是在他之中设立的纯粹的量的规定;手和精神因为它而变得迟钝,也就是说,它们将自身呈现为(annehmen)否定性的和无形式的自然,正如在另一方面,(由于否定和差异是双重的),劳动是某种全然个别的主体性的东西。在工具中,主体在他自身和客体之间建立起了一个中项,这个中项是劳动的真实的合理性;劳动自身和劳动加诸其上的客体它们自身都是手段,这个事实仅仅是一种形式上的中介性,因为它们为之而存在的那个东西是外在于它们的,并且因此,主观的东西和客观的东西之间的关联是一种完全分离的关系,以主观的方式保存在智力的思考之中。在工具中,主体把客体性和它自己的钝化与它自身分离开来,它献上一个他者以供消灭,并把那个东西的主观的部分推到那个他者之上。与此同时,他的劳动不再是某种个别的东西。在工具中,劳动的主体性被提升为一种普遍的东西。任何一个人都可以制造一件同样的工具并且用它从事劳动。就此而言,工具是劳动的持久的规则。

由于工具的这种合理性,它作为中项,所处的地位高于劳动,也高于加工过的客体(为了享受而形成的客体,而享受是这里所要讨论的问题),也高于享受或者它所指向的目的。这就是为什么所有生活在自然的幂次上的民族都会赋予工具以荣誉,我们发现荷马以最美的方式表达 [429]
过对于工具的尊敬和对于这一点的意识。

γ)工具处于概念的支配之下,而且因此属于有差异的或者机械的劳动;孩子作为绝对纯粹的和简单的直观是中项。但是,[直观和概念]这两者的总体性所必须拥有的正是这样一种[直观的]简单性,然而它也应该同时拥有概念的观念性;或者,在孩子中,工具的诸极端的观念性必然要进入他的实体性的本质(substantielles Wesen),然而正是由于这个原因,在工具中,一种观念性必须进【入】它的僵死的内在存在,这些极端的实在性必然要消失;必然存在着一个完全是观念性的中项。绝对概念,或者智力,单独地就是绝对的观念性;中项必须是有智力的,但不是个体的,也不是主观的;只不过是那个东西的无限地消逝着的和自我显示着的现象;正如它形成的时候一样,一个轻微的以太般的物质(Körper)消失了;不是一种主观的智力,或者智力的一种偶性,而是合理性本身,它以这样一种方式实在地存在着,即这种实在性本身就是观念性的和无限的,在它的存在中直接就是它自己的对立面,即不存在(nicht zu sein);因此,这种以太般的物质展示了这种极端,并且因此,当它依照概念而真实存在的时候,它也具有它的观念性,因为这个物质的本质是直接地消逝,而它的显现就是显现和消逝的这种直接的相互扭结状态(Aneinandergeknüpftsein)。因此,这样的中项是有智力的;它是主体性的,或者存在于有智力的个体中,而不是在其物质性(Körperlichkeit)中就是客观普遍的;由于这种本质的本性的直接性,它的主观存在直接地就是客观性。这种观念的和理性的中项就是**言语**(Rede),即理性的工具,有智力的存在的孩子。言语的实体就像是孩子,即,最无规定者、最纯粹者、最否定者、最没有性别者,而且,考虑到它的绝对的可塑性和透明性,它能够采用所有的形式。它的实在性被完全吸纳到它的观念性之中,而且它同时是个体性的;它具有形式或者一种实在性;它是一个主体,一个自为的存在者;它因此必须和言语的形式概念区分开来,对它[言语]来说,客观性本身就是一种言语;但是这种客观性仅仅是一种抽象,因为客体的实
[430] 在性以一种完全不同于主体是主观性的方式是主观性的。客观性自身不是绝对的主观性。

言语的总体性在不同幂次上的形式:

(ⅰ)自然的幂,或者内在的同一性。这是一个物质的无意识的表现(Annehmen),它迅速地消失,就像它迅速地到来一样,但是它是某种个别的东西,仅仅具有客观性的形式,不能自在地自我生产或者对自我产生影响,但是,它可以显现在外在于它自身的实在性和实体之中。它的姿态(Gebärde)、表情和它们的同一性、明眸善睐(die Affektion des Auges),不是固定的客观性或者客观性的抽象;相反,它是转瞬即逝的,是一种偶性;一种不断变换的、观念性的游戏。但是,这种观念性仅仅是在一个作为它

的主体和实体的他者中的游戏。游戏将自己表达为感觉(Empfindung),并且和感觉相关,或者,它以纯粹的同一性的形式,以确实可以清晰表达的、变化无定的感觉的形式存在着,但是,游戏在每一个环节中都是完整的,而没有自然无法达到的它的客观特征的观念性和它自己的物质性。

(ⅱ)言语的直观被归摄于概念之下;就这样,它拥有了一个它自己的物质(Körper),因为它的观念性的自然被设立在概念之中,而物质是固定不变的东西,它的载体。这样的物质是一种外在的内容,但是,物质本身在它的实体性的内在性和在它的自为存在中被完全消灭了;它是观念性的,且没有意谓(Bedeutung)。但是由于概念处于支配地位,所以,这个物质是一个僵死的东西,它不是那种在自身之中可以无限消灭自身的东西,而是这样一种东西,它由于在这里处于差异中,只是外在地就占据主导地位的[概念]而言被消灭了。如此一来,它的双重存在同样是一种外在性;它无非是表达了主体和客体之间的关联,它是处于主体和客体之间的观念的中项;但是,这种联结凭借外在于客体的一种主观性的思维而保持着它。通过它自身,它否定性地表达了这种联系,由于它被作为主体而消灭,或者,因为它拥有了它自己的一种明确的意谓,它凭借其内在的无意义表达出了这样的联系,因此,这是一个中项,因为它是一个物,即一种自为的规定性,然而对于它自己来说却又什么都不是,不是一个物,而直接就是它自己的对立面——是自为的,但又断然不是自为的,而是要成为一个他者;因此,绝对概念在这里是真正客观性的。**一个物质性的符号**(Körperliches Zeichen):这是工具的观念性,就像表情是孩子的观念性;就像制造一个工具要比生一个孩子要更为理性一样,这样的一种物质性的符号相比于一种姿态要更为理性。由于物质性的符号相应于绝对的概念,它无法表达任何已经被绝对概念采纳入无差异之中的形态(Gestalt)。但是,由于它所表达的仅仅是概念,因此,它和那种形式的普遍物息息相关。正如表情和姿势是一种主观的语言,这种物质性的符号是一种客观的语言。正是由于主观的言语还没有从主体中被撕裂出来以及它是不自由的,所以,这样的客观的言语保持为某种客观性的东西,并且无法直接

[431]

在自身之中承载知识——它的主观的要素。因此,知识也就被黏附于客体之上;它不是客体的一种规定性,而仅仅是附加在它上面,对它仍旧保持为偶然的。正是因为这种联系是偶然的,知识在客体中表达了——但是又摆脱了它——与某种主观性的东西之间的关联,然而这种关系是以一种完全不确定性的方式展现出来的,并且必须首先被补充考虑进去。因此,知识所表达的也是对于一个客体的占有和[占有这个客体的]主体之间的关联。

(ⅲ)**发出声音的言语**将那种物质性的符号的客观性与姿态的主观性统一起来,即把对后者的表述与对于前者的自为的存在统一起来。这就是智力的中项;它是逻各斯、它们的理性的纽带。抽象的客观性是一种无声的承认,它从中获得了自己的独立的身体,这个身体自为地存在着,但是是依据概念的方式,也就是说,它直接地消灭它自身。随着发声的言语的出现,内在的东西直接出现在它的规定性之中,在自身之中,个体、智力和绝对的概念将自己展示为纯粹的个别物和固定不变之物,或者,它的绝对的个别性的物质性,通过这种物质性,所有的无规定性得到表述和确立,而正是通过这种身体性,它同时直接地是绝对的承认。金属之声,水之潺鸣,风之咆哮,都不【是】从内部发出的,不是从绝对的主体性向它的对立面的转化,而是产生于从外部来的运动。动物的声音来自它的灵魂
[432] 最深处,或者来自它的概念存在,但是,它就像整个动物一样属于知觉。绝大多数动物在面临死亡的危险时会尖声叫喊,但这仅仅是主体性的纯粹而简单的发泄,某种形式的东西,这一点在鸟的鸣啭歌唱中得到最高的表达,但是它不是智力的产物,不是推动自然界向某种主体性转化的过程的产物。在智力水平上的那种自然内在地驻扎于其中的绝对孤独在动物中是缺失的,动物仍然没有把这种孤独拉进自身之中。动物不能在总体性之外产生它的声音,而这种总体性包含在这种孤独之中;它的声音是某种空虚物,缺乏总体性之物,形式物。但是,言语的物质性所展示的总体性被收回到个体性之中,绝对地进入个体的绝对的点之中,这种个体的观念性向内扩散到一个体系之中。——它达到了一次幂的巅峰状态(die

höchste Blüte),但是在这里,还不是根据它的内容,而仅仅是在它的形式中,把它作为最高的理性的抽象和个别性的形态来观察;但是,作为这种纯粹的言语,它无法上升到超越上述个别性。

这次幂的否定方面是急难(Not),自然的死亡,自然的强力和浩劫,同时也是钩心斗角的人的强力和浩劫;或者是与有机自然的一种关系,尽管是一种自然的关系。

B. 形式上的或者关系中的无限的,观念性的二次幂

它是把直观归摄于概念之中,或者观念性的东西的形成,以及通过观念物而得到规定的特殊物或个别物的形成。这里存在着因果关系,但是,仅仅是作为纯粹观念性的东西,因为这次幂本身是一个形式的幂;①观念物仅仅是对观念物的抽象。这里还不存在任何观念物自为地构成自身及其发展成为一种总体性的问题。就像个别在前一次幂上占据着主导地位一样,在这里,普遍占据着主导地位。在一次幂上,普遍性是隐藏着的、某种内在的东西,而且在那里言语自身仅仅作为一个个别的东西,也就是说,在它的抽象中得到考查。

在这个归摄中,个别性直接停止了存在。它变成明显地与其他事物相关的一个普遍物。然而,活生生的自然关系超越了这种形式的概念,变成了以前从未存在过的一种固定不变的关系;普遍性也必须盘旋于这种自然关系之 [433]
上并且克服这种固定不变的关系。爱、孩子、教化、工具和言语都是客观的和普遍的,都是影响和关系,但是这种关系是自然的、没有被战胜的、非正式的、不受约束的关系,它们自身没有被吸纳到普遍性之中。普遍性没有出现在它们自身【之中】,既不是源自它们自身,也不与它们相对立。

如果我们从特殊性的方面去看这种归摄着的普遍性,那么,在这次幂

① 即,在这一阶段,普遍物仍然是抽象的,仅仅作为观念物而出现。——英译者注

上不存在任何不与其他智力发生关联的事物,①结果是,平等【被】设立在了它们中间,或者,因此而在它们之中显现的正是普遍性。

a)

这就是当普遍物显示在特殊物中,或者说把[普遍概念]归摄于直观之下时,普遍物和特殊物之间的对立关系。这种在个别或者特殊中占据主导地位的普遍自身只和这种个别发生关联;或者,个别物首先不是盘旋于它之上的观念性的东西,也不是被归摄于观念之下的特殊物的多样性。后者存在于劳动和占有的纯粹实践的、实在的和机械的关系之中。

(ⅰ)由普遍物转化而来的特殊物因此而变成了观念性的,而这种观念性是它的一个组成部分(ein Verteilen)。完整的客体依照它的规定性是不会被完全消灭的,但这种应用于作为一个整体的客体之上的劳动,在自身中被分割开来了,变成了一种个别的劳动;②由于这种原因,这种个别的劳动变得越来越机械化,因为多样性从这种劳动中被排除出去了,它因此而使自身变成了一个更具普遍性的东西,越来越与[活生生的]整体相外在。③ 这种被分割成不同部分的劳动方式同时预设了,其他的需要可以通过一种别的方式提供出来;因为这种方式也必须通过其他人的劳动才得以进行。但是,在机械性劳动的这种阻隔作用中,直接存在着将它自身与之相隔离开来的可能性;④因为劳动是没有任何多样性的、完全量的意义上的,并且由于它归摄于智力之下意味着自我扬弃,所以,某种绝对外在的

[434] 东西、一个物,之所以能够被使用,是由于无论在它的劳动中还是在纯粹的

---

① "智力"的意思是"某种普遍性因素已经在其中出现的个体"。——英译者注

② 亦即,劳动被划分为许多个体之间的劳动。——英译者注

③ 这是指劳动分工。机器代替了个体的工匠,而最初是某一个体的产品的东西,现在由于分工,许多个体都卷入进来了。这就是从活生生的整体到更加机械的整体的转移。——英译者注

④ 劳动被给予机器,而不是个体的工匠。——英译者注

运动中的它的自我相等的存在。这端赖于为它找到一个同样僵死的运动原理;这是像水、风和蒸汽等的运动一样的自我差异化的自然强力,而工具逐渐发展为机器,因为主观物的、概念的焦躁不安自身被设置于主体之外。

(ⅱ)正如在这里主体及其劳动是自我规定的,劳动的产品也是自我规定的。它是一种个别化之物,因此,就主体而言,它是纯粹的量。既然它的[常用产品]的量与[他的]需要的总体性没有什么关系,而是超越了需要,因而它是一般的、抽象的量。这样,这种占有对主体的实践性情感来说,就失去了它的意谓,并且不再是它的需要,而是一种剩余;①因此,它和使用的关系是一种普遍的关系,这种普遍性可以在它的实在性中被设想到,——这种关系是和他人的使用之间的关系。因为,在与主体的关系之中,需要自为地是需要一般的一种抽象,[剩余产品]和使用的关系是使用的一种普遍的可能性,而不再是和它所表达的具体的使用之间的关系,因为后者与主体已经分离开来了。

(ⅲ)主体并【不】是简单地被规定为一个占有者,而是被纳入普遍性的形式之中;他是一个与其他的个别者处于关联之中的占有者,作为一个为其他人所承认的占有者是普遍地否定性的。因为承认是个别的状态,是否定,它以在他者中保持自身固定不变的方式存在,尽管是观念性的;简言之,它纯粹是在他者中的观念性的抽象,而不是在他者中的观念性。在这种考虑之中,占有就是**财产**(Eigentum);财产中的抽象的普遍性就是**法权**(Recht)。(想要把所有包含在这种抽象形式中的一切东西都看作是法权,这是可笑的;α)在它的无限的、没有总体性的多样性之中,而且β)由于它自在地没有任何内容,法权是某种完全形式的东西。)个体并不绝对地、自在自为地就是财产的拥有者,正当的所有者。他的人格性,或者他的 [435]
统一性和个别性的抽象,是一种纯粹的抽象和一个思想物(Gedankending)。进而言之,他不是法权和财产驻留于其上的那种个体性,因为个体性是绝

① 在前面阶段的幂上,享受跟随着某种需要的满足。机器使得资本积累成为可能,剩余产品超过了特殊个体的需要的满足。——英译者注

对的同一性,或者个体性自身是一种抽象;相反地,他只驻留在占有的相对的同一性之中,因为这种相对的同一性只具有普遍性的形式。求财产的法权是一种求法权的法权;财产权是它的一个方面,是对财产的一种抽象,根据这种抽象,财产作为占有,是一种为它的他者、特殊物而保留的法权。

与普遍物对立的这次幂的否定是自由的关系;或者,就这个否定肯定性地构成了它自身,并且在与普遍性相对立的差异中设立了自身而言,它和它自身保持在关系之中,而不是差异的缺乏或者隐藏。在后一个未得到发展的方面,前面的幂将构成对它的否定。

机械的否定,即,与一个为主体所规定的特殊性相冲突并且与之不相适应的东西,不属于这个语境。就这种规定性是实践的而言,它根本不适用于这种规定性;相反,机械的否定是完全属于自然的事情。——这种否定性在这里才得到考查,仅仅是因为它与普遍物自身相冲突,而且,作为一种个别性,它给予普遍性以假象并且从中进行抽象;这不是在个别性真正地消灭了普遍性的形式的时候——因为在那种情况下,否定把普遍物设立为真正观念性的东西,把它自身设立为与之合一的东西,——而是与之相反,当这种否定性无法消灭普遍性或者不能使自己与它统一在一起,而是与之保持差异的时候。① ——因此,否定就存在于对财产的不承认之中,存在于对它的扬弃之中。但是在这里,财产本身并没有被设立为必然的,也没有被设立为与主体的使用和享受联系在一起。在这里,[被占有的]物质,就其被设立为一个普遍性的东西而言,它本身也因此而被设立为一个否定物。主体与它的关系仅仅被规定为一种纯粹的可能性而已。因此,否定所能够涉及的仅仅是这种形式,或者它所涉及的不是物质本身,而仅仅是作为普遍物[数量]的物质。一种剩余,也就是说,自为地

---

① 在这里,黑格尔把两种否定排除出了考虑范围:(a)机械的否定,例如,当上帝的行动或某种像火一样的自然过程破坏了财产;(b)要么是与盗窃相关的道德的否定,要么是思辨的否定,当个体性消灭了普遍物的抽象形式而体现它的时候,例如,当财产被阻止火势蔓延的消防人员破坏了的时候。这就是把所有者的外化当作这里讨论的某种否定了。——英译者注

与需要没有关联的东西,被扬弃了。作为一剩余,它的使命就是从[生产者的]占有中退出。这种扬弃、这种否定是否能够与此种规定相容,必定会在下一次幂上呈现出来。

b)把直观归摄于概念之中 [436]

在主体和他的剩余劳动之间设立起了一种关联。与主体处于这种关系之中的劳动是观念性的,也就是说,它与[他的]享受没有一种实在的关系。但与此同时,这种关系已经作为一种普遍的东西,或者无限的东西,或者一种纯粹的抽象,法权中的占有,即财产,而出现了。但是,在这里被占有的东西依其本性与主体[的享受]之间具有一种真实的关系,这种关系是可以消灭的,而占有此前和主体之间的观念的关系现在才变成一种实在的关系。无限物,也就是说,法权,作为这次幂的肯定性要素一般,变成了某种固定不变的东西,并且可以保持下去;占有的观念性的关系也可以保持下去,并应该变成实在的关系。这整个幂次总体来说是差异的幂,[这次幂的]当前的维度同样是差异,因此是差异之差异;——在这里,前一阶段静止的差异处于运动之中。差异存在【于】概念之中,也就是说,一个主体与某个物之间的关系仅仅被规定为可能的。由于这种新的差异,主体与他的劳动的关系被扬弃了,但是由于无限性,法权本身必须被保留,因此那里出现的就是剩余的观念性的关联,是它的概念的对立面,实在的东西,与使用和需要之间的关联。分离更加强烈了,但正由于这一原因,统一的冲动[也就愈发强烈];就像磁铁将它的磁极分开,它们本身没有任何统一的冲动,就像当磁铁被切断时,它们的同一性被扬弃,[我们]就拥有了电力,一个更加明显的分裂,真正的对立,以及统一的冲动。① 在这里被扬弃的东西

① 为达到类比的目的,黑格尔在这里采用了谢林自然哲学中的动力学系列(dynamic series)。因为这是在实在系列中与观念系列中的人类行为直接平行的东西(参见英文版导论第100页上的表格),因此它并不令人惊奇。读者还可以将之与黑格尔的《自然哲学》讲座(第324节,附释)进行对比,在那里,黑格尔评论说,谢林将电力称为"破碎的磁力"。——英译者注

是,通过自己的劳动而达到的与客体的合一状态,或者它的个体的本己的规定(磁性)。取而代之的是真正的差异,是主体与客体的同一性的被扬弃状态;也因此是与需要相关的对立或者差异的真正的消灭。——在这整个幂上,包括(a)和(b),彻底的观念性第一次出现了,换言之,真正的实践智力的幂出现了;伴随着剩余劳动的出现,这种智力甚至会在需要和劳动中不再属于需要与劳动。与这种智力为了需要和使用而获得的客体
[437] 的关系,在这里被设立起来了,也就是说,智力没有为了它自己的使用而制作客体,因为它没有在它上面消耗自己的劳动——这就是法权的、形式伦理的享受和占有的起源。

在这两个幂次上的绝对物、不可消除之物,就是绝对的概念,是无限自身,是法权;它在(a)中是静止的,或者存在于它的对立面之中,因此是在内部遮蔽着和隐匿着的;而在(b)中,则是运动着的,通过偶性扬弃偶性自身,它跨越了无,如此一来,法权出现了,并且作为因果性而站在[偶然性的]对立面。

法权的这种纯粹的无限性、它的不可分离性反映在物中,也就是说,反映在特殊物自身之中,就是此物与彼物之间的平等,而此物与彼物之间的平等之抽象,具体的统一性和法权就是**价值**(Wert);或者毋宁说,价值自身就是作为抽象的平等,[物的]观念性的尺度——而在现实中被发现的、经验性的尺度就是**价格**(Preis)。

在扬弃[占有的]个体的联系时,保存下来的是(α)法权,(β)在某些具体事物中以平等的形式显现的法权,或者价值;(γ)但是以个体的方式保持联系的客体失去了它的这种联系,以及(δ)在那里取代它而出现的是某种与[个体的]欲望相联系的、真正确定的东西。

α)就像已经揭示的那样,这种真实交换的内在本质是始终保持为相等的概念,但在智力中,它是实在的,确切地讲,在需要智力的状况中,人们同时关注一种剩余和一种未得到满足的需要。他们当中的每一个人着手改变单个的物——他和这些物观念性地和客观地连接在一起,——把它转变为与他的需要连接在一起的某种主观的东西。这就是**交易**

(Tausch),观念性联系的实在化。财产通过卷入交易的复数人格与彼此之间相互承认的复数人格而进入实在性之中。① 价值进入物的实在性之中,而且作为剩余而进入每一个物之中;自我运动着的概念进入了物的实在性,在其对立面中消灭自身,吸收对立面的特征以代替它以前一度拥有的特征;并且因此而规定了,前一阶段观念性的东西现在作为实在的东西而进入,因为一次幂是直观的幂,现在的幂是概念的幂;前者是观念性的(ideale),在这里后者依照本性是在先的,但是在实践中,观念性的物在享受之前就出现了。

β)从它的外在的方面来看,交换(Verwechslung)是一种双重的交换,或者毋宁说是它自身的一种重复;因为普遍的客体、剩余和需要的特殊要素从内容上看是一种客体,但是它的两种形式必然是它的重复。然而,[交换的]概念或者本质是转化自身,并且因为转化的绝对特征是对立面的同一性,所以,这就提出了一个问题,即这种纯粹的同一性、无限性自身在实在性中是如何展现出来的。 [438]

交易中的交接是由整体的个别的环节组成的多样性的、被分割的、外在地关联着的一个系列。它能够在某一个环节,在某个当前,通过同时把双方的所有物易手给对方而发生。但是,如果客体是多样性的,交接同样会是多样性的,并且欲望指向的对立面(Gegenteil)是某种多样性的东西,而且直到交接完成了,对立面才会存在;它不是存在于开始,也不是存在于进程之中,除了仅仅作为一个跳跃(Sprung)。② 因此,由于这些经验性的状况,交易本身是一种不确定的东西,这些状况显现为**交易过程**

---

① 价格和价值被认为对所有人都是普遍的和平等的。一个平等而固定的价格是个体间交换的必要前提。在价值或者价格中法律是消极的或者是静止的,但是它在交换中形成运动。在经济学家当中,黑格尔经常追随的,首先是詹姆士·斯图尔特爵士,后来是亚当·斯密。黑格尔在这里的意图是从抽象走向具体、从平等或者同一走向差异的综合。——英译者注

② 两个人或许能够在市场上完成一笔交易。但如果是一笔复杂的交易,即包含多种物品的交易,这将会很费时间,直到整个交易完成为止,等价物即支付物品的报偿将不会实现,除非事先有协议已经达成。——英译者注

(Leistens)的渐进性,整个交易活动推迟到以后的某个时间,等等;当前的环节在现象中付诸阙如。交易过程是一种内在的东西,并且预设了诚信(Wahrhaftigkeit),这是完全形式的东西;因为问题的关键在于,交易仍然没有发生。这种交换和交接没有变成实在性,而不确定性依赖于[交易的]多样性,依赖于它们的扩散,依赖于其中抽象的可能性,或者自由的可能性。

(这个二次幂(b)的第三个环节。)

γ)这种非理性或者在(i)这种空虚的可能性和自由与(ii)现实性和显现之间的对立,必须被扬弃,或者,从事交易活动的有智力的行动者的内在[意图]必定也会出现。这种自由必定会变得与必然性相等,因此,交接被剥夺了它的经验的偶然性,而交接的中项、同一性,被设立为一种必然的和固定的东西。交易的本性和形式保持着,但是它被纳入数量和普遍性之中。

[439] 这种交易的转换就是**契约**(Vertrag)。在契约中,在一项纯粹的交易中存在的那个绝对当前的环节被变成了一个理性的中项,它不仅允许各种经验性的交易现象,而且为了成为总体性,要求它们作为必要的差异在一项契约中是无差异化的(indifferentiiert)。

由于交接在一项契约中所获得的必然性,经验的现象、现象中的交易双方各执己见互不相让和当前的统一性等,都变得无足轻重了,它们变成了对整体的安全不能构成威胁的某种偶然的东西。它是如此之好,就好像交易过程自身已经完成了一样。每一个个别者对其财产的法权已经转移给了另一个个别者,由此交接被认为已经发生。交易过程尚未完成,交接尚未在经验的实在性中展现,这种外在的经验从总体上来说是经验性的和偶然的;或者毋宁说,交易过程已经被消灭了,因此,财产已经被完全剥夺了外部的联系,根据这种外部的联系,它不但被标识为一种占有,而且对于那个已经把占有转交出去的人来说仍然是占有。

(δ)就这样,契约将一项真实的交接转换成一种观念性的交接,但是是以这种方式,即这个观念性的交接是真正的和必需的,而为了成为这种交接,它自身必须具有绝对的实在性。当前这个环节所获得的观念性或普遍性因此必须实存着;但是,实在性本身超越了这种形式的幂的领域。从形式上看,由此带来的结果是,观念性自身以及它同时作为实在性一般,无非就是能够作为一种精神而存在,精神把自身展示为实存着的,在精神之中,订立契约的双方作为个别者被消灭了,它就是归摄着它们的普遍者、绝对客观的本质和契约的具有约束力的中项。由于契约中的绝对的合一状态,交接中的成员的自由和可能性被扬弃了。这种合一状态不是像忠诚和信仰这样的内在之物,在其内在的存在中,个体把同一性归摄到他自身之中;与此相反,面对绝对的普遍物时,个体是被归摄之物。这样,因为在契约中他求助于这种绝对的普遍性,他的反复无常和个人癖好被去除了。但是尽管普遍性的全部的力(Kraft)同样地进入契约之中,这种情况仅仅是形式地发生。通过那种形式而被连接起来并且被归摄于其中的规定性,就是规定性并且保持为规定性;它们只是在经验上无限地被设立为这个或那个或其他存在着的东西,但它们是持存着的 [440] (bestehend)。它们被当作契约因之而缔结的诸个体或者诸物的个别性。由于这个原因,真正的实在性不会落入这个幂的范围。因为在这里,实在性的方面是一种自为地持存着的有限性,这种有限性不应该在观念性中被消灭。由此可见,这里的实在性根本不可能是真正的、绝对的实在性。

c)

三次幂是前面两次幂的无差异;那种交易的关系、对一种占有的承认的关系,以及因此财产,由于迄今为止它与个别发生关联,在这里变成了一种总体性,但是总是在个别性自身之内;或者,第二种关系被纳入普遍性之中,第一种关系的概念之中。

α)相对的同一性或者关系。

剩余被设置入无差异之中,作为某种普遍的东西和满足所有需要的可能性,这种剩余就是**货币**(Geld);它就像是导致一种剩余的劳动,当劳动是机械性地整齐一律之时,就会同时导致普遍交易的可能性,以及所有必需品的获得。正因为货币是普遍物、这些东西的抽象,所以它充当所有事物的中介,因此,**贸易**(Handel)是这种被设立为能动性的中介,在这里,剩余和剩余进行交换。

β)但是这种总体性的直观——然而是作为个别性的总体性的直观——是作为所有规定性之无差异的个体,也就是它如何将它的个别性展现为总体性。

ⅰ)从形式上看,在单一性或者直观中,个体是所有规定性的无差异,如此一来,它就是一个形式上的**生命物**(Lebendiges),并且获得了承认;正如此前它仅仅被承认为个别的物的占有者,现在它被承认为整体中的自为的存在者。但是,由于这样一个个体自身直接与生命合而为一,他不仅仅简单地与生命相关联,所以,对于生命来说,是不可能说个体占有了它的,就像对于和他只是处于一种关系之中的其他的物那样[对它们
[441] 是可以这样说的]。这一点之所以有意义,是因为个体不是一个如此这般的生命物,而是一个绝对完整的体系,以至于他的个别性和生命就像一个物,被设立为某个特殊的东西。对[个体的]这种形式上的生命状态的承认,就像承认和经验直观一般,是一种形式上的观念性。由于它是个别的规定性的空虚的统一性,所以,生命是个别物的最高的无差异,但是它也同时是纯粹形式的东西,而且因此,总体性和从差异中自我重建起来的整体性就不会被设立起来。作为绝对形式的东西,生命由于这个原因也是绝对的主观性或绝对的概念,而在这种绝对抽象的背景下被思考的个体,就是**人格**(Person)。个体的生命是他的直观提升到最高程度的抽象,但是人格是这种直观的纯粹概念,确切地说,这个概念就是绝对概念本身。在这种生命的承认中,或者把他者当作绝对概念的思想中,他者作为一种自由的存在者而存在,作为与某些规定性处于联系之中的他自己的对立面的可能性。在这样的个别者自身中,没有什么不可以被认作一种规定性。因此,在这种自由中,不承认和不自由的可能性也同样容易地被设立起来。由于它们的概念,所有的物都同样有可能成为它们自己的对

立面;但它们保持着绝对的规定性,或者是较低幂次的必然性;它们并非一切事物都是无差异的,而是彼此之间存在着绝对的差异。但是智力或者人的生命是所有规定性的无差异。

ⅱ)这种形式的、无关联的承认,[存在]于关系和差异中,或者是依照概念[而存在]。在这次幂上,一个活生生的个体面对另一个活生生的个体,但是他们生命的权力(Macht)是不相等的。这样一方就是另一方的权力或者权能——幂(Potenz)。一方是无差异,而另一方却在差异之中。因此,前者作为原因而与后者关联在一起;由于自身是无差异的,它是后者的生命、灵魂或者精神。更为强大或更为弱小无非是这样一个事实,即他们中的一方在一种差异之中得到理解,以某种方式被固定和得到规定,而另一方却并非如此,即他是自由的。不自由的一方的无差异是他的内在存在、他的形式的方面,而不是某种已经变得明确的东西和消灭了差异的东西。然而这种无差异必须为他而存在;它是他那被隐藏的内在 [442]
生命,为了他的利益,他把它直观为它的对立面,也就是说①,把它直观为某种外在的东西,这种同一性是相对的同一性,而不是绝对的同一性,或者中项。无差异和自由的一方、有权力的一方与有差异的一方之间的对立关系就是**主人和奴隶的**关系。这种关系随着生命的权力的不平等被直接地和绝对地设立起来了。在这一点上,不是从任何法权和任何必然的平等的角度来思考的。平等无非就是一种抽象——它是生命之形式的思想、一次幂;这种思想是纯粹观念性的而且毫无实在性可言。另一方面,在实在性中,生命的不平等被设立起来了,因此是【主人】和奴隶之间的关系。因为,在实在性中,我们所拥有的是形态、个体性和现象,以及随之而来的权力或者权能—幂的差异;或者关系的同一性,依照这种同一性,一个个体被设立为无差异的,而他者则被设立为有差异的。

这里的复数性是个体的复数性,因为在一次幂上,绝对的个别性已经被设立在生命的形式性之中,被设立为内在生命的形式,因为生命是外在

① 一本作 nervlich,当误。——译者注

的无差别的形式。哪里有个体的复数性,哪里就有他们之间的关系,而这种关系就是一种主奴关系。主奴关系直接就是这种关系所特有的概念,没有过渡或者推论,就好像仍然有某些进一步的根据要显示出来。由于诸个体在这种关系中相对而立,因此,主奴关系是一种自然的关系;但是,一旦诸个体自身在和最伦理的东西处于关联之中时进入了一种关系,一旦诸个体和伦理的东西之形成处于关联之中,而伦理的东西是由于天才和英才这样的最高的个体性才发生和出现的,那么,统治与服从的关系也就被设立起来了。从形式上看,这种伦理的关系[与自然的关系]是一样的;但是差异存在于这一事实之中,即在这种伦理的统治与服从的关系中,权力或权能一幂同时是一种绝对普遍的东西,然而在这里,它仅仅是一种特殊的东西;在伦理的统治中,个体性仅仅是某种外在的东西和形式;而在这里,它是关系的本质;由于这个原因,这里存在一种奴役的关
[443] 系,因为奴役是对个别者和特殊者的服从。主人是规定性的无差异,但是,他纯粹地是作为人格,或者作为一个形式上的有生命物而存在。他同样是[与客体或工具相对立的]主体或原因。无差异被归摄于主体存在(Subjektsein)或者概念之下;而农奴则和他发生关联,就像是在和形式的无差异或者和人格发生关联。因为在这里,发号施令者是作为人格而存在,由此可见,绝对、理念或者二者的同一性,不是以无差异的形式在主人之中设立的东西,也不是以差异的形式在奴隶之中设立的东西;相反,两者之间的联系是特殊性一般,而在实践中则是造成二者之间纽带的那种急难(Not)。主人掌控着物质必需品一般的剩余;而另一方[奴隶]缺乏物质必需品,而且是以这样的方式,它的剩余和缺乏不是个别的方面,而是必不可少的需要的无差异(Indifferenz der notwendigen Bedürfnisse)。

ⅲ)在这种奴役关系、人格对人格的关系或者形式的生命对形式生命的关系中,一方是以无差异的形式,另一方则是以差异的形式出现,这种关系必将会被无差异化,或者被归摄入一次幂之下,因此,人格与人格之间相同的关系、彼此之间的相互依赖仍然保持着,但是这种同一性是一种绝对的同一性,是内在的、尚不明确的关系,而差异关系仅仅是外在的形式。但

是这样的同一性必须保持为一种内在的关系形式,因为在这整个幂次上,这种同一性要么是形式的【法权】,它盘旋在特殊物之上并与之相对立,要么是一种内在的同一性,即被归摄于个别性自身之下,被归摄于特殊性的直观之下的同一性,因此它显现为自然;它不是显现为一种扬弃了对立双方的同一性的自然,也不是显现为伦理的自然,在伦理的自然中,对立的双方同样被取代,但是是以这种方式,即特殊性和个别性都已经被归摄了。

在主奴关系的无差异中,人格性和生命的抽象是绝对的合一和同一,而同时,这种关系仅仅是外在的关系和显现出来的关系,这种无差异就是**家庭**(Familie):在家庭中,自然的总体性和所有前述的情况被统一起来了;前文所述的全部特殊性在家庭中被提升为普遍物。家庭就是同一性:(α)外在需要的同一性;(β)性关系的同一性,在诸个体中被设立的自然的差异的同一性;以及(γ)父母与子女关系的同一性,或者自然理性的同 [444]
一性,正在形成、但是作为自然而存在的理性的同一性。

α)考虑到丈夫、妻子和孩子的绝对的和自然的合一状态,在人格性和主体之间的对立停止的地方,剩余不是其中任何一个成员的财产,因为根据法权,他们的无差异不是形式的。因此,所有关于财产和服务的契约以及类似契约在这里都消失不见了,因为这些契约植根于私人的人格性(Persöenlichkeit)这个预设之中。相反,剩余、劳动和财产绝对地和自在自为地为共同体所有;他们中的某一个人去世时,不会把它们从他那里转让给一个陌生人;毋宁说,只是已故者对于共同体的财产的分享到此结束而已。

差异是领主的表面的一面。丈夫是主人和管理者,但不是与家庭的其他成员相对立的财产所有者。作为管理者,他仅仅拥有自由处置[家庭财产]的假象。劳动也是根据每一个成员的禀赋而进行分工,但是他们的产品是共同体的财产。由于这种劳动分工,每一个成员都生产了一份剩余,但不是作为他自己的财产。剩余产品在家庭成员之间的转让不是一种交易,因为全部财产自身是直接地、自在自为地属于共同体的。

β)夫妻之间的、两性之间的关系依据它的方式是无差异化的关系。我在(α)中曾经说过,论及人格性的规定性,即作为财产的拥有,他们是合一的。但是性关系赋予他们的无差异以一个特定的形式;也就是说,它自在地是某种特殊物。当特殊物自身被转化为某种普遍物或者概念之时,它只能成为经验性的普遍的东西(在宗教中,又是另一回事了)。特殊性便成为持存的、永久的和固定不变的东西。性关系完全被限制在两个互相对立的个体之间,而且这种关系坚定不渝,它就是**婚姻**(Ehe)。由于这种关系建立在诸个体的基础之上,——尽管它的特异性是被自然而不是被某种任性的抽象确定下来的——所以,这种关系看起来像是一个契约。但这是一个否定性的契约,它恰好扬弃了一般契约的可能性建基
[445] 于其上的那个预设;也就是说,人格性或成为一个[拥有法权]的主体,所有这一切在婚姻关系中都被宣告为无效,因为在这里,全部的人格作为整体而出现。但是,在契约关系中被认为是对方的财产的东西,不能简单地落入他或她之手。由于这种关系是人格性的,被认为应该转让的东西保持为人格的财产,正如,一般而言,不可能自在地存在有关人格的服务的契约,因为只有产品,而不是人格性的东西,能够被转化为他者的所有物。奴隶可以作为一个完整的人格而成为财产,因此妻子也同样可以;但这种关系不是婚姻。也不存在和奴隶之间的契约,但是可能存在与其他某人订立的关于奴隶和妇女的契约;例如,在许多民族中,妻子是从她的父母那里买来的。就她自愿委身于婚姻之中,她放弃她自己以及契约的可能性而言,就不可能存在和她之间的契约,在男人那里情况同样如此。他们的契约所具有的内容将导致不会有契约,因此这些内容直接地是自我扬弃的。但是,凭借这个肯定性的契约,[婚姻中的]双方都把他/她自己变成自己掌控的物,把他/她完整的人格设立为同时与他有着绝对关联的他自身的规定性;然而,作为一个自由的存在,他绝不能把自身看作绝对地和他自身的规定性束缚在一起的,而只能看作规定性的差异。这个规定性必须像康德那样①,被认为是性器官。但是,把自己设立为一种绝对的

① 《道德形而上学》,第24—27页(学术版,第6卷),第277—280页,在Ladd的有删节的译本中被省略了。——英译者注

物品（Sache），设立为绝对地束缚于某一规定性的东西，这是最高程度的非理性和全然不体面的。

γ）在孩子中，家庭自身被褫夺了它的偶然性的和经验性的存在，或者它的成员的个别性，并且由于概念而得以牢固化，而由于概念，诸个别性或诸主体消灭了他们自己。孩子，与它的现象相反，是绝对，是关系的合理性；他是持存着的东西和永久存在的东西，是再一次生产自身的总体性。但是因为在家庭中，作为自然能够达到的那个至高无上的总体性，甚至绝对同一性也保持为内在的东西，而不是以绝对的形式被设立为自身；由此看来，总体性的再生产是一种现象，亦即孩子的现象。在这种真正的 [446] 总体性中，形式完全地和本质合而为一了，因此，它的存在不是被外在地拉拽入它的个别化了的诸环节之中的形式。但是，在这里坚定不渝的东西是一个作为存在者的他物；或者说，实在性把它的坚定不渝转让给了某个他物，这个他物自身只有通过下列方式才又一次延续下去，即它和在它身上不能保持的它的存在被转移到了一个他者身上。形式或无限因此是成为他者的经验性的或否定性的形式，这个形式只有通过设定一个他者、并且同时永远肯定性地存在于他者之中，方能扬弃自己的规定性。权力和知性，父母的差异，与孩子的青春和力（Kraft）维持着一种颠倒的关系，生活的这两个方面，既相互背离又相互伴随，并且是相互外在的。

II. 否定，或者自由，或者犯罪

迄今为止的讨论以个别性作为原则；它是被归摄于概念之下的绝对；所有的幂次表达的都是规定性，而诸种无差异是形式的、与特殊性相对立的普遍性；或者，仅仅在与更低级的特殊性的关联中，特殊性才是未差异化的，而无差异的这些环节再次成为特殊性。这样，就明显不存在着绝对的[环节]；任何一个环节都可能被扬弃。每一次幂上的绝对总体性，即无差异，都不是自在的，而是处于作为归摄者的形式之下的。① 规定性的扬弃必须是绝对的扬弃，将所有的规定性都纳入绝对普遍性之中。这种吸纳是绝对的和肯定性的吸纳，但它也是纯粹否定性的。正如前文所述，绝对的形式把自身表达为对立的持存，因此，在这里它在对立面中表达自己，或者在对立的被消灭状态中表达自己。但是，当这种被消灭状态是纯
[447] 粹否定的时候，它是辩证的，亦即，它是对于观念性的认识，对于规定性的真正扬弃。否定不是固定不变的，不是[与肯定]相对立的，因此它在绝对之中。绝对的伦理把自身提升到规定性之上，因为绝对扬弃了规定性，尽管是以绝对在更高的统一性中把它和它的对立面统一在一起的方式；这样一来，绝对没有让对立面继续保存在真理中，而只是赋予它一种否定的意义；但由于和它的对立面的完美的同一性，它的形式或观念性被绝对地扬弃了，确切地说，绝对褫夺了它的否定性特征而使它成为绝对肯定性的和真实的。否定性的扬弃是完全不同的。它自身是对于扬弃的扬弃，

① 因此，举例来说，所有的家庭关系都可以用摇篮中的婴儿来总结、解释和获得其意义。“与现象相反”，黑格尔指出，孩子是(理性的)概念归摄(生活的)绝对的方式。但是，随着他或者她的成长，他或者她将经历其被归摄于其中的所有关系。——英译者注

是与对立对立的对立,但是在这种方式中,观念性或形式同样地持存于其中,尽管是在颠倒的意义上;也就是说,扬弃维持着个别性的观念的被规定存在,而且因此将其规定为否定;这样一来,它就允许它的个别性和它的对立状态持存着,它并不扬弃二元对立,而是将实在的形式转变为观念的形式。迄今为止,每一次幂以及某次幂的每一个实在性都是绝对在自身之中的对立面的某种同一性。同一性被归摄于形式之中,但是这种形式是外在的形式。实在物持存着;形式是某种表面的东西,而它的规定性是活泼泼的、未差异化的;实在物的确是某种被规定物,但不是就它自身而言;实在物还没有被规定,它的本质没有被设立为被规定之物。但是现在,作为否定的形式是本质。实在物被设立为某种观念物;这是由纯粹的自由所规定的。当感觉被设立为思想之时,这同一种转变就发生了。规定性保持为它自身;被感觉到的红色保持为被思想到的红色,但是被思想物同时被确定为消灭了的、扬弃了的和否定的东西。智力的自由把红色感觉的规定性提升为普遍物;但它还没有褫夺感觉的与其他规定性相对立的规定性,而只是错误地尝试要这样做。它已经对感觉进行反思,把它提升至无限,但是是以这种方式,即有限性保持为确定地持存着的。它已经把时间与空间的客观观念性转化成主观的观念性。客观的观念性是他者状态(Anderssein),亦即,拥有在它周围的其他颜色;直接依照一切关联,观念性、无限都在经验地被设立为无处不在的“他者”。主观的观念 [448]
性清除了这个多样性的无限,赋予它以统一性的形式,把规定性本身与存在于它之外的客观物之中、并被显示为他者状态的无限性紧密结合在一起,并且以这种方式使得无限成为一个统一性,作为与实在物相对立的主观物或者观念物的绝对规定性的统一性。虽然规定性作为真实物、作为感觉拥有形式、无限性,就像它处在它之外的表面上那样,但是它现在和它束缚在一起。与此类似的是,在实践领域中自在自为地否定的东西,是被同一个否定的环节根据以前的幂次的必然性而设立的一种规定性;它本身是客观物、观念物和普遍物。这种实践性设立之否定,是对于第一个原初的对立的特殊性的恢复。因为此前一种客观性被扬弃了,实践领域落到了无机的、客观的幂的掌控之中。谋杀扬弃了作为个体或者作为主体的生命物,但是伦理也会这样做。然而,伦理扬弃的是主体性或者主体的观念性的规定性,谋杀扬弃的是它的客观性;这使得他成为否定物、特殊物,这种否定的和特殊的东西落回到客观物的掌控之中,而它曾经通过使它自己成为客观的东西而从这个客观的世界中挣脱出来,获得自由。绝对的伦理,通过消灭仅仅是作为观念性的规定性、作为一种对立的主体性,直接扬弃个体的主体性,但是,这使他的主体的本质继续存在,几乎不受任何影响。他被允许继续真实地存在,这正是因为,他的本质没有受到干扰,仍旧是其所是。在伦理中,智力保持为这种主体性。

这种否定物或者纯粹的自由导致了客观性被扬弃,其方式是,否定物使得观念性的、在必然性中仅仅是外在的和表面性的规定性,也就是否定物,成为了本质。① 这样,它就在它的规定性中否定了实在性,但是,它又把这种否定固定起来了。

然而,这种否定必然要引起一种反应。由于规定性的扬弃仅仅是形式上的,因此规定性仍然继续存在。它是被观念性地设立的,但是它保持在它的实在的规定性之中。在它之中,生命仅仅是受到了伤害,还没有被提高[到更高的幂上],并且也因此必定会被恢复。但是在它的现实中,
[449] 受到伤害的生命是无法修复的(借助于宗教的恢复于现实无补);但是,这里的恢复确实会影响到现实性,并且这种重建仅仅是一种形式的重建,因为,它仅仅是在形式上影响到现实性自身和否定的固定状态。因此,它是外在的平等。否定着的主体使他自身成为原因,把它自身设立为否定的无差异,但是因此命题必须在他身上发生倒转,而他必须被设立在无差

① 这个句子是一个关键。原文作:"Dieses Negative order die reine Freiheit geht also auf die Aufhebung des Objektiven so,da es die ideelle,in der Notwendigkeit nur ausserliche oberflachliche Bestimmtheit,das Negative zum Wesen macht,also die Realitat in ihrer Bestimmtheit negiert,aber diese Negation fixiert."我们的译解把"das Negative"当作主格名词,规定es的所指。它可以被看作一个宾格(第二个宾语,它使得否定成为本质)。在这种情况下,译文要有所补充。我们的第二个句子应该读作:"它使他自身成为本质;因此它否定了实在等等。"这个句子似乎在内容上没有受到影响。——英译者注

异的同一种规定性之下,就像他曾经设立的那样。他所否定的东西在他身上同样被真实地否定了,而他不得不被归摄,就像他曾归摄的那样。这种关系的颠倒是绝对的,因为在被规定者之中,只有理性才可能通过对称地设立对立面的双方,而且以一种形式的模式,维护自己的无差异。在**犯罪**(Verbrechen)和**复仇正义**(die rächende Gerechtigkeit)之间存在着绝对的联结。它们被绝对的必然性捆绑在一起,因为双方相互对立,一方既与对方相对立,又以对立的方式归摄对方。作为否定性的活力,作为把自身构成为直观的概念,犯罪归摄着普遍物、客观物、观念物;相反,作为普遍物和客观物,复仇正义也反过来归摄着将自身构成为直观的否定。

在这里必须注意的是,我们正在讨论的问题是真正的反作用或者颠倒,依据概念的抽象必然性,观念的、直接的颠倒已经一般地包括于其中,不过,以这种观念性的形式,它只是一种抽象和某种不完整的东西。这种观念的颠倒就是**良知**(Gewissen),且仅仅是某种内在的东西,而并非同时是内在的与外在的;它是主观性的东西,而不是同时既是主观的又是客观的东西。罪犯直接伤害的是他认为外在的或者与他不相干的东西,但是,在犯罪过程中他观念性地伤害和扬弃了自己。鉴于外部的行为同时也是一种内部的行为,犯罪在侵犯一个陌生人的同时也侵犯了自己。但是,对于他自己的这种消灭的意识是某种主观的和内在的意识,或者是一个坏的良知。它在那种程度上是不完整的,必然也会把自己外在地显示为复仇正义。因为,它是一种内在的意识和不完整的意识,所以,它会奋力向它的总体性挺进。它背叛自己,揭示自己,自我劳作,直到它看见了观念 [450]
的反作用或颠倒,反作用或者颠倒从外部威胁它的实在性,作为它的敌人与它分庭抗礼。接下来,它开始获得满足,因为,它在敌人身上辨认出自己的实在性的开端。他对自己展开攻击以求获得自我保护,通过它对于攻击的防御,它处于和平状态,它通过反抗带有威胁性的否定,而捍卫最普遍的要求、无差异和总体性,亦即生命,而良知是生命的一种规定性。通过在这场假定的战争中获得的胜利,这种良知的本能也回来了,而它的和解只有在死亡的危险中才能达到,而且只是由于这种冒险而中止。但是，随着每一场胜利的来临，恐惧也变得愈发强烈，恐惧是一种观念性的被消灭状态。它渴望获得生命的活力，也给生命招致虚弱，同时带来复仇正义的实在性。当敌人无法从外面及时出现的时候，当归摄的颠倒没有作为实在性出现的时候，它促使了复仇正义的产生。

a）

根据把概念归摄于直觉之下，一次幂的这种如此被规定的否定是形式的否定。自为的毁灭，它与其他的东西没有关联，预设了一种被规定的缺失；但这种毁灭是一种完全不确定的和普遍的缺失，它不会对任何个别的东西产生影响；它会直接指向对于有文化的东西的抽象。[1] 这是一种**自然的毁灭**，或者无目的的破坏，浩劫。因此，自然与智力提供给它的那种文化相对抗，就像与有机物这种自然本身的产物相对立。正如要素、客观物被归摄到直观和生命之中，要素反过来也把有机的和个体化的东西归摄于自身之中，并且毁灭它；这种毁灭就是浩劫。因此，在人类世代中文明与毁灭交替出现。当文明长期肆意地破坏无机自然，并从各个方面规定它的无形式性时，那么，这种被碾碎的无规定性就会爆裂四散，野蛮性的破坏也将侵袭有文化的东西，将之清除，使得一切变成自由的、平均的和平等的。这种最伟大而辉煌的浩劫发生在东方，一个是成吉思汗
[451] （Tschingis Chan），一个是帖木儿（Tamerlan），他们就像上帝的扫帚，将整个世界的所有地区扫了个白茫茫一片真干净。那些持续不断地侵犯南方的北方蛮族属于知性的规定性；他们以一种微不足道的多样性发展起来的拙劣的享受，因此而具有了一种规定性，而他们的浩劫不是无差别地纯粹为了浩劫而浩劫。这种浩劫的狂热性，由于它是绝对的要素并且吸收

---

① 这个语境暗示，敌意指向文化、文化的各个方面和文化产品。在这里，黑格尔想要具体表达的是一种“无机要素”（inorganic element），即一种尚未受到理性统御的人类本性的生命力量。黑格尔习惯于以语境中相关的方式使用无机物与有机物之间的对立，就像亚里士多德习惯于使用形式与质料之间的对立。——英译者注

了自然的形式，它就无法从外部被征服；因为差异和被规定物为无差异和 [38]
无规定性所决定。但是，像否定一般一样，它［浩劫］在自身之中就具有否定。这个无形式的东西驱动自身走向无规定性，直到它因为它毕竟不是绝对地无形式的，所以爆裂了——就像一个不断膨胀的水泡爆裂为无以计数的细小水滴；它离开自己的纯粹统一性而进入它的对立面，越过绝对复数性的绝对无形式，因此而变成了一种完全形式的形式或者绝对的特殊性，而且它因此而变成最虚弱者。这种从浩劫到绝对的浩劫的推进，以及推进到向它的对立面的过渡，是一种**狂热**（Wut）；——由于浩劫是完全处于概念之中的，狂热必定会无止境地强化纯粹性，浩劫的对立面，直到它就是它的对立面，并且自己消灭自身。身处极端之中，亦即身处绝对的抽象之中，狂热就是绝对的、无中介的冲动，处于它的完全无规定性之中的绝对概念，**绝对概念**的无限性的躁动不安。这种躁动无非就是这种极端，在对立面相互消灭对方之中，它消灭了自身，所以是绝对主观性的实在存在。绝对概念，它自身的直接的对立面，是真实的，因为它的产品绝不会是主体与客体的同一性，而是纯粹的客观性，无形式性。

b）

这种归摄于概念之下的浩劫，作为一种包含差异和规定性的关系，转而直接反对差异的肯定性的关系。自然的浩劫，就它处于规定性之中而
言，仅仅能够把财富从占有者那里抢走；它所预设的前提是，浩劫处于同 [452]
样的位置上，并且它让这样一种位置持续下去；占有的无差异或者法权与它没有任何关系；它仅仅属于特殊性。但是，伦理的东西由于它的成为智力的本性，同时是客观地普遍的，并因此而与某个他者处于无差异的关系之中；对于这个他者的特殊性的消灭——在这里，除了一种着眼于伦理的存在的消灭之外，并没有出现其他的消灭——同时也是无差异的消灭，并将其设立为某种否定物；这一设立的肯定方面在于这一事实之中，即规定性保持为自身，仅仅被设立为带有否定的规定性。规定性就这样获准得

以持存,尽管与此同时承认的无差异被消灭了;这是对法权的一种伤害。这种伤害的现象,作为一种对承认的真正的消灭,也是规定性和主体之间联系的一种切断。因为,承认恰好将这一联系——联系自身纯粹是观念性的——视为一种实在的联系;由于承认,联系是无关紧要的,无论主体是否现实地把规定性不可分离地、绝对地与自己统一于一体,还是,这种统一仅仅以一种可能性的形式被设立为与他之间只有一种相对的关联。通过承认,这种相对的联系本身变成无差异的,而它的主体性同时也变成了客观的。对承认的真正扬弃,也扬弃了这种联系,它因此而是一种**剥夺**(Beraubung),或者,就它纯粹地影响到相联系的客体而言,它是一种**偷盗**(Diebstahl)。在客体与主体之间在财产上存在的这种联系中,由于消灭了无差异或者法权,规定性泰然自若,不受影响,它仍然保持为无差异的;被盗窃的客体依然如故;但是主体却不如此,因为在这里,在这种特殊的自我之中,他是关联的无差异。因为现在它不是对于他与客体的联系的抽象被扬弃了,而是在那种联系中他自己受到了伤害,因此,他身上的某种东西被扬弃了——在他身上被扬弃的东西不是他的占有的减少,因为,占有的减少不会影响到作为一个主体的他;相反,通过这个单独的行动而且在它之中,被消灭的是他的作为无差异[的存在]。——现在,因为规定性的无差异是**人格**,在这里受到伤害的是人格,因此,他的财产的减少就是一种人格性的伤害;在整个特殊性的幂上它[财产]必然是这么一回事。因为,如果仅仅是被侵犯的主体与客体之联系的抽象受到了伤害,那
[453] 么,这样的伤害并非直接就是人格性的;但是,在这一幂次上,这种抽象不是如此做出的;它在某种自身普遍的东西中还没有它的实在性和立足点,而只是在人格的特殊性之中拥有它。因此,任何一种剥夺都是人格性的。这种联系是人格性的,它在所有地方都是如此,只要它是真实的和经验的;财产所有者恰好看到他所占有的客体,或者他存放客体,或者他以其他方式在他的地盘中将其妥为保存,他把这个地盘看作他用来储藏他的占有物的空间。这种经验的联系作为一种特殊的联系在这里就是这次幂的联系一般,因为在这次幂上仍然没有指出任何一种方式,依照这种方

式，经验的联系本身就能够被无差异化，而没有这种联系，财产也能够获得保护，即是说，即便不成为经验的联系，观念的联系也能够成为实在的，因此，由于观念的联系、作为财产的占有受到了伤害，人格性的东西将不会受到伤害。

因此，盗窃既是人格性的，又是一种剥夺；把作为财产的占有归摄于某个他者的欲望之下，或者，对于无差异的否定，坚持用数量更大的特殊性对抗数量更少的特殊性，也就是说，坚持把差异更大的特殊性归摄于差异更少的特殊性，这就是强力（Gewalt），但不是强力一般，而是侵犯财产的强力，或者说，抢劫必然会引起它的反作用，或者相反的归摄。正如在这里存在着被征服，即弱小的强力被归摄于强大的强力之下，因此，反过来，暂时的强者必须被设立为弱者。根据绝对理性，就像从前的归摄实际上是抢劫一样，这样的颠倒自在自为地是必然的。但是，抢劫仅仅存在于那种不存在主奴关系的地方。然而，在存在这种主奴关系的地方，在个体具有更多的无差异性的地方，在因此更高的幂和其他的幂一样的地方，自然也就不会存在抢劫，因为这种抢劫纯粹是浩劫和破坏；而不是因为它是货真价实的抢劫。因此，由于抢劫转变成了人格性的，人格与人格决一雌雄，被征服者变成了他者的奴隶；这种成为奴隶的方式究其实是那种关系的显现，在这种归摄关系中，这种关系将会惠及每一个个体；他们不是彼 [454]
此外在、没有任何关联的。抢劫是个别的、不会影响到人格的总体性的归摄，结果，把这种个人的伤害视为与其整个人格性有关之事的那个个体必将占据上风，使得颠倒成为真实的，因为他把自己设立为总体性，而那些人[抢劫者]仅仅将自己设立为特殊性，这种关系的实在性就是屈从，在此过程中产生的现象就是**征服**（Bezwingung）。

在前文所述的关系[浩劫]中，颠倒是绝对地消灭性的，因为消灭自身是绝对的，因此反作用（Rückwirkung），就像对待一个横冲直撞的动物一样，是绝对的征服或者死亡。但是，在这种关系中，反作用不能是简单地重新收回被抢劫的东西——考虑到伤害的人格性——而是为建立主奴关系提供一个环节——即，在抢劫行为中，被归摄仅仅对于某一个瞬间来说才是真实的，并且仅仅就这种规定性而言根据同时出现的个人的伤害的规定性是真实的。但是，正是因为攻击者没有把受害者的整个人格性置于他的攻击之中，所以，关系也不能以一种屈从关系中的人格性的总体性而告终，而只能就某个瞬间而言才存在。只有在战争的情况下，相互承认彼此的人格，或者考虑到整全生命的急难，就像在人与人之间的战争中，才能形成奴役状态，——否则，人们在本性上就是奴隶。但是，除非在战争之中，[对伤害]做出的反动只能是在形式上表现为这种关系的整全性，[就像]家庭中的收养关系一样，但是，依照其质料，它仍然同样是个别的和特殊的。由于实施抢劫者太恶劣，以至于他连成为一个奴隶的资格都没有，因为，他不能证明对他自己的完整人格性的信任是合理的，因为他仍然停留在特殊性的幂上。①

c)

这两种否定的无差异或总体性会影响到规定性的无差别，或者生命，甚至会影响到整个人格性；颠倒——它以一种尚存疑问的方式被设立而且不是片面的，以至于这种关系是完全确定地和肯定地片面的，——同样

[455] 是通过奴役或者死亡而导致的人格性的丧失。因为，否定只能是一种规定性，因此，这种规定性——即整体处于危险之中——必须被提高为一个整体。但是，由于它是人格性的，它直接就是整体；因为这种规定性隶属于人格，而人格就是整体的无差异。人格的特殊性，一旦被否定，就仅仅

① 黑格尔似乎想要区分三种情况：(1)自然的奴役，在这里，自然的必然性带来的压力导致一个人在下述条件下接受约束，即他的“必要的欲望”从他与之系缚在一起的那个家庭的剩余中获得满足。(2)投降的敌人的屈服，在这里，信任建立在这样一个事实的基础之上，即如果有伤害发生，每一方都知道对方准备好了走到多远，因此整个主奴关系能够被在内容上实现。(3)对伤害的报复，在这里，“以牙还牙”(lex talionis)为罪犯所接受。罪犯接受“以牙还牙”使得对整个主奴关系的内容实现变得不公正——而且也是不明智的，因为，如果他愿意在没有经过生死斗争的情况下接受惩罚，我们同样可以预计他可能会再次犯罪。——英译者注

成为一种抽象，因为在人格之中，这种抽象被绝对地吸收到无差异之中；在这里，生命物受到了伤害。但是，由于这种无差异使得受到伤害的特殊性的抽象与之相对立，所以，通过后者，前者也在观念上被设立了，而受到伤害的东西就是**荣誉**（Ehre）。通过荣誉，个别物成为一个整体和人格性的东西，那表面上对于个别物的否定纯粹是对整体的伤害，因而出现了一场完整的人格对另一个完整的人格的斗争。策划发动这样一种斗争是没有正义可言的；当斗争自身产生的时候，正义在双方之中都存在着，因为战争建立起来的是危险的平等性，确切地说，是最自由的危险的平等性，因为，【战争双方的】整体人格处于冒险之中。这种诱因，也就是说，被纳入无差异之中而作为人格被设立的那种规定性，严格来说不是什么自在自为之物，因为它仅仅是人格性的东西。以无数种方式被设立起来的东西都被接纳到其中；因此，没有任何事物可以被排除在外，不能设立任何界限。强力或者毋宁说被个体化的强力，即实力（Stärke），决定着归摄行为；而在这里，在完整而真实的人格性是主体的地方，必定马上就会出现主奴关系。或者，如果绝对的平等，这样一种不同的关系的不可能性，被设立为前提，那么，一方作为无差异，另一方作为差异，这一点是不可能的；因此，在斗争中，无差异将会作为绝对的差异和相互的否定被保存下来，而争执将唯有通过死亡才能被调停，在其中，征服是绝对的，正是通过否定的绝对性，这种绝对性的对立面、自由，被维持着。

但是，当在否定中存在着不平等和斗争的片面性的时候，就是另外一回事了，在这种情况下斗争就不是斗争。在不平等之中，归摄完全属于某一方，不会摇摆不定，而且中项被设立为可能性，以及因此而被设立为双方的无差异，这种不平等就是压迫，如果压迫继续向前推进到绝对的否定，就是谋杀。压迫和谋杀不能与统治的关系和斗争相混淆。以所有的斗争都被直接扬弃的方式，真正的和非正义的压迫是一种人格的攻击和伤害。一个受到攻击的人格不可能预见到攻击并因此而发动一场斗争。但是这种不可能性并不能自在地被证明和揭示；（意大利人提出了作为暗杀之合法性的理由，那就是通过侮辱而直接宣战），只有当侮辱不存 [456]

在,实行谋杀根本不是基于人格的理由,而是出于抢劫目的的时候,不可能性才被认为是现实存在的。但是,即便是某种侮辱已经发生,以至于人格性和完整性成了问题,侮辱也完全不等于对于实在性的总体的否定;荣誉的确受到了伤害,但是荣誉是可以与生命区别开来的。由于后者[生命]为了【恢复】它的实在性的荣誉而被拿去冒险,受到伤害的荣誉仅仅是观念性的,因此,荣誉的观念性与它的实在性之间的联结,只有通过受到伤害的规定性被提高到完全的实在性,才能实现;而荣誉就在于,一旦某一规定性被否定了,那么规定性的总体性或者生命,也将会被拿去冒险。【边页:三个层次的幂:谋杀,复仇,决斗。中心是斗争,左右摇摆。决斗,对于某个个别人的人格侮辱。】如此一来,个人自己的生命必然会被置于危险之中,因为对于个别性的否定,会导致一个它应该成为的整体。

这种否定的总体性必定会被表象为三种形式:

αα)野蛮的总体性,没有关联和观念性的绝对的无差异,就是把规定性转化成为人格性,并且立即设立了否定的实在性,即单纯的**谋杀**(Mord)。谋杀排除了对于这种关系的承认,排除了他者对于这种关系的认识,同时谋杀也不会让危险的平等性充当前导;此外,侮辱实质上是完全不平等的。①

[457] ββ)与根据平等的法则而出现的归摄及其颠倒相一致,二次幂必定是形式的无差异,但是是以这样一种方式,即平等作为形式、作为意识而盘旋于个体之间的对立之上,这不是对于对立的一种意识和承认。这样,平等的形式伴随着危险的平等而消失;因为危险无非就是一种生成着的否定;然而,对于否定的认识,无差异,在这里不是在危险中,而是纯粹物质性的;关系被归摄于概念之下。对这种归摄的真正的和实在的颠倒存在于这种平等中,这就是**复仇**(Rache)。被杀害的那个人必须自己完成颠倒,但是作为已经被杀害的人,它纯粹是一种观念物。它失去了生命,

① 受害者所受到的伤害远比谋杀者经历的初始伤害要大得多。——英译者注

这是指他的血肉之躯，唯有其精神仍然能够起而复仇。要么，这种精神能够一直追逐谋杀者，直到不管是以什么方式，它设立了一个与自己相对立的实在性，并为那个被谋杀的人的精神创造了一个躯体（Körper）——这个躯体不再具有那个被杀害的人的同样的外观，而是显现为某种更为一般的普遍物，并且这种精神会以命运的形式展开报复行动。——要么，那个本己的、属于精神的真正的活力（Lebendigkeit）继续保持着；精神已经保存了他的肉身，谋杀者毁掉的只是整体的某个个别成员或者器官，因此，这个仍然活生生的肉身，即家庭，将会承担起复仇的任务。——复仇是反对谋杀和个体谋杀者的一种绝对关系；它无非是对谋杀者所设立的东西的颠倒；这种关系所做之事，是没有其他办法能够扬弃的，也是没有任何办法使之合理化的。从中无法抽象出任何东西，因为，它已经被设立为一种现实性，即它必须有它如此行为的法权，也就是说，被建立起来的那种境况的对立面也应该依照理性而被建立起来。这种关系的规定性保留下来了，但是，在这种规定性之中，关系现在转化成与之对立的东西；归摄者被归摄了。唯一发生变化的东西是形式。

γγ）这种关系的总体性是合理的，它导致了中项的出现。正义的无差异就在于复仇，但是，作为某种物质性的外在的东西，它作为那种对于生成着的否定的平等意识进入个体之中，因此，这种生成的实在性自身是相等的。结果是，不正义似乎大获全胜，因为这个人实施了攻击，造成了 [458]
第一个不平等的、单方面的归摄，——两种对立的归摄必然会前仆后继、交替不断地出现，——这个攻击者是不正当的，但借助于意识，这样一种行为将会直接造成一种平等的危险的局面。当我们谈到复仇时，毫无疑问，只是反过来那个谋杀者必须以某种确定的方式受到归摄；而复仇者因此避免了实力的平等，他们才能或者运用相对于强力的优势力量，或者以狡诈的方式，亦即通过规避实力一般的方式，实施复仇行动。但是在这里，在这种关系的总体性之中就变成另一回事了；也就是说，它直接以下列方式排除了个别性，即对复仇而言，复仇者不是一个陌生人，或者仅仅是一个个别者，也不是一个行凶者；而是一个家庭的成员，因此，也不是一个抽象。如果处于这种情况，谋杀就不是一种绝对的否定；精神仅仅失去了肉身的一个成员，而复仇也不可能是绝对的否定。在复仇的总体性中，形式必须被设立为绝对意识，因此，被伤害的人自身而不是任何陌生人必须是复仇者，但是这就只能是家庭了。类似地，侮辱者也不是某个个别人，他侮辱的也不是个别人，而是某个整体中的成员；在[复仇的]总体性中，他不是被设立为一种抽象。在这种方式中，中项同时被直接设立，也就是说，对一方来说，它被否定地设立为优势的扬弃和意识的匮乏，对双方来说，它被设立为危险的平等性，亦即，斗争(Kampf)。考虑到完全外在的平等性，关系的差异内在于生命之中；(因此，斗争是一种上帝的判决：)某一方仅仅是为了自卫，另一方同时也仅仅是进攻。如此一来，法权站在受到侮辱的一方，或者说，这一方成为无差异者、归摄者。之所以这一方是绝对的，是因为，绝对的平等必然通过颠倒而展示自身，以前被归摄的一方现在成为归摄者。但是，由于仍然活着的躯体的重要性，丧失的成员的丧失就会逐渐减少，而因此法权也是如此，法权或者无差异变成了荣誉，双方的法权也就平等了，因为受到侮辱的团体的行动的特殊性被
[459] 转变成了整体的无差异，转化成了整体的事务。通过荣誉，坏的良知、自我毁灭的冲动被扬弃了，因为荣誉是归摄行为的冲动。受到侮辱的一方完全拒绝行为的个别性，这种作为个别性的行动不是他自己的，这一方被授予荣誉时具有完全同等的法权，这和受到侮辱者的团体中个别人的人格受到侮辱的情况一样，因为他是在保护自己的生命。面对[法权的]平等时，法权的方面和必然的归摄行为的方面消失了，这种平等就是**战争**(Krieg)。① 在战争中，归摄关系的差异已经消失，平等成为统治者。战争的双方是无差异；在战争中，他们之间的差异是斗争的外在的和形式的东西，而不是它的内在的东西，但是某种绝对不安的东西在两者之间持续不断地摇摆不定(战神在双方之间不停地穿梭)，将被归摄的一方陷入完

① 法律法权要求罪犯应该受到惩罚——这是“必要的归摄”。但是，战斗的考验并不考虑犯罪者是谁——所以，这种差异(伤害和被伤害这两个派别的关系)就变得不复存在了。——英译者注

全的没有把握之中，并且不得不接受裁断。要么，裁断通过在战争中一方的完全的归摄来做出①——作为总体性，它自身是不朽的，它不会被斩草除根，而是会惨遭征服和沦为奴隶。在这种情况下，有一个更高的原则，它并不裁断最初的侮辱的琐碎问题，而是裁断总体性的更强大的或者更弱小的实力，总体性的实力在斗争中服从于那种平等和对它的检验，——而平等，当各方只是杂然并处而没有任何关联的时候，仅仅是一种观念性的平等，仅仅是在思想中存在的平等。至于哪一种总体性真正地是更多地无差异的或者更有实力的，这个裁断要听命于战争，因此战争可能会以【建立起】一种统治关系而告终。——要么，压根儿就没有可以影响到总体的个体[即家庭、宗族、部落]之完整性的绝对的裁断；相反，他们发现，他们或多或少是平等的，至少对于他们所经历的瞬间而言，他们都没有能力使得关系的宪法的实在性走向终结，甚至在某一方具有明显优势的情况下。确实存在着某一方具有抽象优势的情形，但是，优势的实在性不是就这场战争的瞬间而言的，因为其他的自然的必然性方面的这种优势的力，并不必然地正好和战争相关，而是和总体性的内在构成相关，也就不能运用于战争之中了。愤怒(thumos)减少了，因为，它是对于归摄者的无差异的不真实关系的情感。由于战争的实在性抵触愤怒的这种幻想，敌对意识将恢复为平等的情感。因此，一种**和平**(Frieden)就从中产生 [460]
了——无论一方是否要求取得归摄者的地位，另一方作为战败者和投降者是否放弃某些个别的规定，还是双方是否由于完全平等的情感而扬弃战争——在这种情况下，双方均将自己置于此前的、没有关联的、没有关系的差异之中，这样，随着他们之间关联的终止，所有的利益也就终止了。因此在对立中，这种总体性的合理性是无差异的平等，而[对立双方之间的]中项(Mitte)是他们在完全混乱状态和不确定性之中的合一状态。

---

① 即一个屈服于其他家族的部落家族，当它的出类拔萃者被打败的时候，战士们有可能被杀害，但是这个家族不会灭亡。——英译者注

III. 伦　理

特殊性的总体性依照它的两个方面——特殊性自身和作为一种抽象的统一性的普遍性——存在于前面所述的诸幂次上。前者是家庭,但它是一个这样的总体性,在这个总体性中,所有自然的幂被统一在一起;但是同时直观也卷入关系之中。一个个体对于一个他者的真正的客观的直观伴随着某种差异;妻子、孩子和仆役[对于父亲的]直观,绝不具有一种绝对完全的平等;平等保持为一种内部的、尚不明确的、不可言说的平等;这是其中对于自然的把握的一个不可克服的方面。① ——但是,在普遍性中,摆脱了关系的自由,通过对方而消灭关系中的这一方,是最高要务,在这里,消灭仅仅作为绝对概念才是理性的,就它涉及这种否定性而言。

但是,在先前的诸幂中,绝对的自然确实没有以精神的形态出现;并且因此,它也没有作为伦理出现;甚至家庭也不是伦理的,那些更低的幂就更不是了,更不要说否定物了。伦理必须是智力的绝对同一性,因为它完全消灭了所有的自然关系都能够获得的那种特殊性和相对的同一性;或者,自然的绝对同一性必须被纳入绝对概念的统一性之中,并且以这种统一性的形式现成存在,成为一个清晰的同时又绝对丰富的本质,一个完全的自我客观化和一个个体在另一个陌生的个体中的直观,而且因此是
[461] 这种自然的规定性和形态的扬弃、自我满足的完全无差异。只有凭借这种方式,无限的概念才严格地与个体之本质合而为一,并且它才能以自己

① 即在自然当中,伦理个别性是在物质的意义上获得理解的,因此,概念也只能在物质自然的背景下来理解。——英译者注

的形式作为真正的智力而在场。它是真正无限的，因为它所有的规定性都被消灭了，它的客观性对于一种人为的意识而言不是自为的，由于扬弃了经验的直观，它对于理智直观而言也不是自为的。理智直观只有通过伦理并且在伦理之中方能成为一种实在的直观；精神之眼和肉身之眼是完全重合的。根据自然，丈夫在妻子身上看到他的肉体的肉体（肉中之肉），但是只有根据伦理，他才能够在伦理秩序之中并且通过伦理秩序，看到他的精神的精神。

伦理依照下面这一点而得到规定，即活生生的个体作为生活，与绝对概念是平等的，它的经验意识是一个具有绝对意识的意识，而绝对意识本身就是经验意识，亦即一种区别于自身的直观，但是是以这样一种方式，即这种区别完全是表面的东西和观念的东西，在实在性中和区别之中的主体性就是无。这种完全的平等状态只有通过智力或者绝对概念才成为可能，依照绝对概念，有生命的存在变成了它自己的对立面，即客体；这种客体本身又被变成为绝对的活力和一与多的绝对同一性，而不是像所有其他的经验直观被设立在一种关系之下，这种关系服务于必然性，以及被设立为在自身之外具有无限性的某种被限制物。

这样，个体以一种永恒的方式存在于伦理之中；他的经验性的存在和行动是某种彻底的普遍物；因为，不是他的个体的方面在行动，而是他身上的普遍的和绝对的精神。依照关于世界和必然性的那种哲学的观点，所有的事物都源自于上帝，而根本不存在个别性，但在经验意识看来，这种哲学观点已经完全实现了，因为行动、思维或者存在的个别性，只有在整体中才有它的本质和【它的】意义。就得到思考的是个别性的基础、得到思考的只能是这个基础而言，个体无法认识或者想象其他东西。因为非伦理的经验意识就在于，在普遍物和特殊物之合一状态中插入任何一个其他的个别性作为根据，而在那种合一状态中，普遍物是基础。另一方 [462]
面，在这里［伦理中］，绝对的同一性——它此前是自然和内在的东西，——已经形成为意识。

但是，这种伦理的理念的直观，它从它的特殊性的方面显现出来的那种形式,是民族(das Volk)。必须要认识到这种直观和这个理念的同一性。也就是说,在民族中,数量众多的个体[个体组成的人群]的关联是一般地和形式地设立起来的。一个民族不是一群互不相干的乌合之众,也不仅仅是复数性。不是前者:这样的一个人群一般不会设立起存在于伦理中的那种关联,亦即,把所有人归摄于一个普遍物之下,在他们的意识中具有实在性,这种归摄和他们是一体的,并且拥有统治他们的权力和强力,就他们打算成为独立的个体,将以一种友好的或者敌对的方式认同他们而言;相反,人群(Menge)是绝对的个别性,人群这个概念,就人群是一而言,是对于他们的抽象,对他们来说是陌生的,是外在于他们的。——也不是一种纯粹的复数性,因为在普遍性中他们是一,而普遍性是绝对的无差异。然而,在一种复数性中,这种绝对的无差异还没有被设立起来;相反,复数性不是绝对的多数性,或者所有的差异的展示;仅仅通过这种差异的大全性(Allheit),无差异才能够真实地展现自己,成为一种普遍的无差异。

由于民族是一种活生生的无差异,而且所有自然的差异都被消灭了,所以,个体在每一个其他的个体中把自己直观为自己;他成为至高无上的主体—客体性;正是由于这个原因,这种一切个体的同一性不是一种抽象的同一性,也不是一种市民阶层的平等性,而是一种绝对的同一性,在经验意识中直观到的同一性,在特殊性的意识中展示自我的同一性。普遍物、精神,是在每个人之中并且为了每个人而存在的,就他自身是一个个别物而言。与此同时,这种直观和统一性是直接的,直观无非就是思想;它不是象征性的。在理念和实在性之间不存在首先需要被思想所消灭的特殊性,不存在不自在自为地和普遍物等同的特殊性。相反,特殊物,个
[463] 体,作为一种特殊的意识径直等同于普遍物,并且这种普遍性断然把自己与特殊性统一在一起,成为民族的神灵(Göttlichkeit),而且,在观念形式的特殊性中直观到的这种普遍物,就是民族的上帝。他是直观它的一种观念的方式。

意识以统一性的形式是无限,是绝对的概念,但是在经验的意识中,

概念仅仅被设立为关系:在概念中存在着对立的东西,因此它们是对立的,而它们的统一性自身是一种隐藏的统一性;它在二者之中作为量而出现,亦即,以(在一个意识中)可能被分割的形式,这种"被分割存在"的现实性就是对立。但是在伦理中,从经验意识的角度来看,这种分离本身是一种观念性的规定性。这种意识在它的对立面中,即是说,在它的客体中,认识了绝对的同一者,客体之所是;它直观到这种相同性(Dieselbigkeit)。

这种直观是绝对的,因为它是纯粹客观的;在它之中,所有的个别存在和感觉都被根除了,而它是直观,是因为它【存在】于意识之中。它的内容是绝对的,因为这种内容是永恒物,从所有的主观性中解脱出来了。[永恒者的]对立物,经验物和现象,完全落入绝对直观自身之中,以至于它们把自己仅仅展示为游戏。与需要和消灭之间的所有关联都被扬弃了,肇端于客体之消灭的实践领域已经过渡到了它的对立者之中,过渡到了主观物的消灭之中,因此,客观物就是二者的绝对同一性。

总体性必须根据它的理念的诸环节来处理,因此:首先,它自身的静止,或者国家的宪法,其次,它的运动,或者政府;在那里,理念作为直观;在这里,根据关系的理念;但是是以这种方式,即,现在,总体性的本质自身是直观和概念的绝对同一性。这种同一性显现的形式就是彻头彻尾表面的东西。关系的极端就是总体性本身,而不是仅仅通过关系才存在的抽象。

A①. 国家的宪法 [464]

民族作为有机的总体性是实践领域和伦理领域的一切规定性的绝对

① 这里没有第二部分。只是这个第一部分,尽管标题为"国家的宪法",但是分成了两个部分,以与前面描述为(1)静止和(2)运动的部分相对应;这个第二部分的标题为"政府"(是否"政府"就是"第二部分"或者这一部分真正完成的部分还没有写出,这个问题在英译本导论第61—63页有所讨论)。

无差异。这种总体性的环节自身有三种形式:(ⅰ)同一性或者无差异的形式,(ⅱ)其次,是差异的形式,以及(ⅲ)最后,绝对的活生生的无差异的形式;其中每一个环节都不是一种抽象,而是一种实在性。

Ⅰ.伦理作为体系,静止的

伦理的概念已经被放置到它的客观性之中,放置到对个别性的扬弃之中。这种主观物在客观物之中的被消灭状态,特殊物被绝对纳入普遍物之中,是

a)直观;普遍物不是某种形式的东西,与意识和主体性或者个体的活力相对立的东西,就是在直观中与那种生活的合一。在伦理的每一种形态和表达中,肯定与否定的对立由于它们整合在一起而被扬弃。但是,特殊与普遍的分离将第一次(erstlich,英文译成 seriously,当是误看作 ernstlich)显现为对特殊物的奴役,对伦理法则的一种屈从,进而显现为另一种屈从的可能性。在伦理领域中将不会存在任何必然性。悲伤将不再持续,因为它不会在它的客观性中被直观到,将不会被分离;伦理的行动将成为一种洞见的偶然性,因为随着分离,另一种意识的可能性被设立起来了。①

b)伦理作为这样的活生生的和独立的精神,看起来就像一个布里亚柔丝(Briareus)②具有无数双眼睛、无数只手臂和无数的身体的其他部分,它的每一个部分都是一个绝对的个体,这种伦理是某种绝对的普遍物;而且在与个体的关联中,这种普遍性的每一个部分、属于它的每一事物都显现为一个客体、一个目标。客体自身或者当它进入他的意识的时候,就是一个对个体而言的观念物;但是,"它进入他的意识"无非意味着

① 这一段是黑格尔对于"反思性哲学和主观性的宗教"的批判性回应的一个总结——这些回应在《信仰与知识》中有详细的阐述。参阅英译本导论部分以及《信仰和知识》第183—187页。——英译者注

② 希腊神话中的百手巨人。——英译者注

"它被设立为个体"。然而,如果个体把绝对的伦理归摄于自身之中,以及他在它身上显现为它的个体性的话,那么,它是一个他者。在这里,以及总的来说,它绝不意味着,个体所设定的意志、任性、规定性已经归摄了伦理,以至于它们已经控制了它,否定性地把它设立为敌人和命运。相反,归摄完全是伦理在其中得以显现的那个主体性的外在形式,尽管它的本质并没有因此而受到影响。伦理的这种现象是**个别者的伦理**,或者是**德性**(Tugenden)。由于个体是个别物、否定物、可能性、规定性,所以,在他们的规定性中的诸德性也是某种否定物、普遍物的可能性。因此,在这里,道德和自然法权之间的区别被设立起来了;二者之间好像不是分离的,前者被从后者之中排除出去了,相反,它的内容完全包括在自然法权之中;诸德性显现在绝对的伦理秩序之中,但只是显现在它们的消亡中。 [465]

现在,伦理

a)作为绝对的伦理,不是所有德性的总和,而是它们的无差异。它不是显现为对于祖国、民族和法律的爱,而是显现为在祖国中就这个民族而言的绝对生活。它是绝对真理,因为非真理(Unwahrheit)仅仅存在于规定性的固定状态之中;但是,在民族的永恒性中,所有的个别性都被扬弃了。它是绝对的教化,因为在永恒之物中存在着所有规定性的真实的、经验性的消灭,以及所有规定性的更迭。它是绝对的利他主义,因为在永恒物中,没有什么事物是它自己的。它存在着,它的每一个运动都是最高的美和自由,因为,永恒物的真实存在和形态就是它的美。它是极度幸福的,不会经受痛苦,因为在它之中,所有的差异和悲伤都已经被扬弃。它是绝对的、真实的、实存着的、存在着的、没有任何遮蔽的神圣之物,然而不是以如下这种方式,它首先被提升为神圣性的观念性,而且首先从现象和经验的直观中抽离出来;相反,绝对的伦理直接地就是绝对直观。

但是,这种绝对伦理的运动,由于它存在于绝对概念之中,贯穿于所有的德性之中,却又不固定在任何一种德性之中。在它的运动中,伦理进 [466]
入差异之中并将其扬弃;这显现为从主体性向客观性的过渡,并且扬弃这种对立。这种生产活动的能动性不是指向一种产品,而是直接将其粉碎,并且使得规定性的空虚性显露出来。在它的现象中的这些差异是规定性,而且被设立为某种将要被否定的东西。但是,这种将要被否定的东西,它自身必须是一种活生生的总体性。伦理的东西本身必须在它的差异中直观它的活力,而且在这里它必须这样做,即与它相对立的生命物的本质被设立为某种外来的东西和要被否定的东西。——不是像在教育中,在那里,否定、主体性仅仅是儿童的表面的方面。这样一种差异就是敌人(Feind),而且,这种在教育中的差异同时被设立为它的对立的存在的对立面,作为敌人的虚无(Nichts),而这种对于双方而言势均力敌的虚无就是战争的危险。对于伦理领域来说,这样的敌人只能是民族的敌人,并且它本身只能是一个民族。因为在这里,个别性已经登上舞台,正是为了民族,个别者才将自己置于死亡的危险之中。但是,除了这种否定的方面,差异的肯定方面也显现出来了,而且同样是作为伦理,但是是作为个别者之中的伦理,或者是作为德性。勇敢是诸德性的无差异;它是作为否定性的德性,或者是规定性中的德性,但是是在被规定存在的绝对性之中的德性。因此,它就是自在的德性,但是是形式的德性;因为其他每一项德性仅仅是**一种**德性。因为现在,在差异的领域中,规定性表现为多样性,因此,诸德性的整个花环也显现在这种规定性中。在战争中,作为否定和多样性及其消灭的表现,诸确定关系的多样性出现了,并且诸德性也出现在其中。那些关系显现出来的东西,是被经验的必然性设立起来的,因此它们很快就会再次消失,诸德性的此在(Dasein)伴随着这些关系,这些德性身手敏捷,你追我赶,它们与某个确定的总体性(市民的总体状
[467] 况)没有任何关系,仅仅是作为恶习①而存在。战争的急难带来极度的艰苦和极度的贫困,首先显示出来的是贪婪,其次是享受,也就是骄奢淫逸,因为,它压根儿就没有考虑过明天、生活整体和生计。勤俭节约和慷慨大度变成反对自己和他人的贪得无厌和冷酷无情——当最高的急难需要这种限制的时候,——以及进而挥霍无度;财产被抛到九霄云外去了,因为

① 勇敢是一种战争中的德性,而在战争中的其他德性则显示为恶。——英译者注

它根本没有任何落脚的地方，并且它的支出与自己或他人的使用和需要完全不成比例。同样地，尚未完全纳入无差异之中的实在性，它还不是变成了德性的规定性，而是在它的否定性之中的存在，或者是现存的最高程度的消灭。相同的情况也存在于劳动上，因为它具有德性的伦理性质。战争的急难需要最高程度的身体的消耗、在机械劳动中完全形式的精神概念的统一性，以及最大程度地服从于一个完全外在的权威。正如诸德性没有外在的和内在的伪善——因为在前一种情况中，它的显现和外在性是由主体的任性设立起来的，而主体在它自己的内部之中意图获得某种不同的东西；——然而，这一情况在这里不会发生，因为伦理的东西是本质，是主体的内在之物；也不可能产生内在的伪善，因为它意识到了它的伦理性，并通过这种意识保持它的主体性，而这就是道德性（Moralität）；【边页：在前一种情况下，有一种它的外在的假象（Schein），而在这里是内在的假象，意识到自己有义务去做的事情是，他在个体面前照亮自己】——因此，劳动也是无目的的，没有需要的，也与实践的感觉没有关联，没有主体性；也与财产与收入没有关联，但是它的目标和产品和他自身一道终止了。这种战争不是一个家庭反对另一个家庭的战争，而是一个民族反对另一个民族的战争，因此，仇恨本身是未差异化的，与所有的人格性无关。死亡进入了普遍物之中，就好像它是出自普遍物一样，而且，死亡没有了在某个时刻被创造出来而又被扬弃的愤怒。武器发明了普遍的、无差异的和非人格性的死亡；推动力是国家的荣誉，而非某 [468]
一个别人受到的伤害。但是由于国家的荣誉在每个人身上的无差异，每一个个体都完全感受得到发动战争所带来的伤害。

b）相对的伦理。它和关系发生关联，而且不是在关系中自由地组织起来和进行运动的，但是，如果允许存在于其中的规定性继续存在，那么，它就会与它的对立面保持平等，也就是说，产生一种表面的、部分的、仅仅是概念性的规定性。因此，这种形式的伦理塑造了法权，即**诚信**（Rechtschaffenheit）。在它采取行动或者实际存在的地方，它坚持这种法权，即他自己的法权应该适用于所有人，而且，这种法权并非依据成文法；相反,这种法权将整体状况考虑在内,并且合乎公道地宣告法权是否尚未被裁断,否则的话,它就必须坚持法权。但是,在实行公道时,它根据迫切的需要而缓解法权的客观性,无论它是经验的急难状况,是所谓的可以宽恕的无知,抑或是一种主观的信任,是法权的客观性。这种相对的伦理的总体性,是个别人的经验的实存(Existenz),而这实存的维持却转移给了他自己和其他人。诚信依据家庭所属的那个阶级而关心家庭,因此诚信也关心公民同胞;它缓解个别人的各种急难,而为不良行为所激怒。伦理的普遍方面和绝对方面,以及这个方面出现在实在中的方式,实在性被征服的方式,对于诚信而言,就是思想(Gedanke)。诚信飞翔到最高处是拥有与此相关的各种思想,但与此同时,它的理性在于,它洞见到经验性的状况是如何被改变的,而这种状况离它的内心太切近了,以至于它不能不让任何事情发生在它身上。这样,它的理性就是洞悉到,那种绝对的伦理必须保持为一种思想。

与否定和牺牲相联系,诚信把它的获得物奉献给民族这个根据某个概念而形成的普遍者,并且基于正义的平等原则而征税;以及在特殊情况下为穷人和遭受痛苦的人提供所需。但是,这既不可以牺牲[一个正义的人的]全部财富,也不可以牺牲它的生命,因为个别性就存在于它[民
[469] 族]之中,而人格和生命不仅是某种无限的东西,而且是某种绝对的东西。这样,它不可能是勇猛无畏的,也不可能从头到尾经历全部系列的德性,或者只是瞬间将自己组织成为一种德性。因为,瞬间的德性本是无目的的,与另外一种总体性也没有关联,绝不是它自身拥有的德性。实存的经验总体性给无私和牺牲设立了明确的界限,并且必须保持在知性(Verstandes)的统治之下。

c)**信任**(Zutrauen)存在于第一个的同一性和第二个的差异之中,因此,那种绝对伦理的同一性是一种被遮盖着的、没有同时纳入概念之中和发展了的直观。因此,这种以它的理智的形式出现的同一性存在于它之外。因为,直观的坚固性和紧凑性缺乏知性的知识和形式,也缺乏对它的积极使用,这种直观发展出一种与坚固性不同的权力,但是也是不可信任

的,因为权力在其中出现的那种个别性,似乎可能会破坏整体,而不能为它照亮绝对直观和作为个别的手段的形式的同一性。它并不是由于知性(因为它害怕由于知性而遭到背叛,无论多么公道)而被投入运动之中,而是由于完全的信任和必然性,由于一种外在的、同时能够影响整体的冲动。就像信任的伦理直观是基本的,它的劳动亦如是。这种劳动并不是从知性中产生,它也不是诚信的个别化,而是完整的和坚固的。它不能推进到客体的消灭和死亡,而是让有用物依照本性做出行动和进行生产。也因此,由于对于法权的无知,信任的财产是为了它而保存的,任何争议都由热忱和讨论所组成。——这种信任最终具有获得勇敢的能力,因为它依赖于某种永恒物。

在伦理的真实的绝对总体性中,它的这三种形式[三个社会阶级]也必须是真实的。每一个阶级自身都被自为地组织起来,成为一个个体并 [470]
且采用[它自己的]形态;因为,它们的混淆是自然伦理的无形式性和智慧的缺乏。不言而喻的是,由于每一个阶级都被组织起来了,而正是由于这个原因,它也是总体性,它在自身之中承载着这个形式的其他幂次,但是是依照它们自身的本性而且杂乱无章地(anorganisiert)承载着,正如它们根据它们的概念在每一种情况下显示出来的那样。如果没有个别化,那么,个体化、活生生的生命是不可能的。每一个原则和【每一次】幂都毫无疑问地达到了它自己的概念,因为它们都【是】真实的,且必须孜孜以求达到自我满足和自为的存在。在它的概念或者它自己的无差异中,它完全被纳入它与他者的相对的同一性之中,并因此而为自己塑形;在同一次幂中的所有事物都奋力趋向于这种自己的形态;因为无限性是严格地与实在性合一的,尽管在无限之内存在着不同的幂的差异。物理的自然依照它自己的方式以它们纯粹的形态表达这些幂,并且使每一次幂都自为地焕发出活力,这一事实看起来更加容易接受,只是因为,根据自然的多样性原则,每一个个别物都应该是不完善的,然而在伦理领域中,每一个个别物必定是一个绝对完整无缺的事物;每一个个别物都径直为自己提出一个达到绝对真实的总体性的诉求,因为每一个事物的个别性就是绝对总体,或者纯粹的概念,并且因此也是所有规定性的否定。但是,这种绝对概念和否定就是最高的抽象,而且直接就是否定物。肯定物是这种形式和本质的统一性,这就是伦理扩展为一个诸幂的(和自然的)的体系,自我组织起来的伦理的幂只能在作为它的质料的诸个体中组织起来。这样的个体不是真正的个体,而只是形式的绝对物:真正的东西是伦理的体系。因此,这个体系不能被认为是存在于这样的个体之中的纯粹物,即是说,不能被当作发展了的、完全把它自己分派到它的诸次幂中的东西;因为它的本质是超越尘世(Ätherizität)、基本物、纯粹,诸统一性服从于它,它使它们走出易碎性融入绝对的可延展性之中。个体的个别性
[471] 不是首要的东西;毋宁说伦理自然的活力、神性才是最重要的,因为对于神性的本质来说,个别的个体太贫乏了,以至于无法在它的完整的实在性中理解神性的本性。作为形式的无差异,它能够瞬间性地展示所有的环节,但是它作为形式的无差异是否定物、时间,它会再次毁灭它们。然而,伦理之物必须把自己理解为自然,理解为所有幂次的持续存在,而每一次幂都处于活生生的形态中;它必须与必然性合而为一,而且作为相对的同一性而持存,然而,这种必然性不具有实在性,除非每一次幂均具有实在性,亦即,是一种总体性。

伦理的诸次幂,当它在实在性中把自身表现为处于完满的总体性之中时,就是**诸阶级**(Stände),而每一个阶级的原则就是伦理的确定形式,就像上文显示过的那样。于是,就有[三个阶级]:一个绝对的或自由的伦理的阶级,一个诚信的阶级和一个不自由的或自然伦理的阶级。根据一个真正的阶级的概念,阶级不是在它之外存在的普遍性,而是一个思想物;毋宁说,普遍性在阶级中是真实存在的。阶级在它的平等中认识自己,并把自身构成为与另一个普遍物相对立的普遍物,不同阶级之间的关系【不】是诸个别人和个别人之间的关系。与此相反,每一个个别人通过它属于某个阶级而成为一个普遍物,而且因此而成为一个真正的个体,一个真正的人格。因此,比如奴隶阶级就不是一个阶级,因为它仅仅是形式的普遍物。奴隶作为一个个别人与它的主人发生关联。

a）绝对的阶级［即军事贵族］将绝对而纯粹的伦理作为它的原则，在上面那种对伦理的解释中，它已经得到了详尽的阐释；它的真实存在和它的理念就是一，因为理念就是绝对的伦理。但是，在绝对伦理的真实存在中，才存在着思考以下问题的方式，即这个阶级在虑及差异的持续存在时如何采取行为，以及它的实践存在如何能够在它之中被差异化。在理念自身之中，正如上面所显示的，它就是否定性，它在它的实在性中是各种关系以及与它们相关联的诸德性，这种德性是自我驱动的，并且听命于经 ［472］
验的偶然性。但是，对于作为伦理的实在性的这个阶级而言，对物的需要和使用是一种困扰着它的绝对必然性，不过，这种必然性不被允许以上面描述过的形式在它的分离状态中压在它的身上；因为这个阶级的劳动可能是一种普遍的劳动，然而，满足需要的劳动是一种个别的劳动。需要的满足自身当然是一种特殊性，但是，在这里，没有什么是以需要的满足的形态发生的，或者说，没有什么东西是以纯粹实践之物的特殊性的形态发生的。因为这种满足自身是对客体的消灭，是绝对的否定，而不是观念物和客体的混合，也【不是】这种混合的结果的延伸，不是将智力部分地设置入客体之中，不是任何实践的东西，也不是无生命物的发展，它的结果就是被消灭。毋宁说，［这个阶级的］劳动无非只是发动战争，或者为了这项劳动而进行训练，岂有他哉！因为，它在民族中的直接的能动性不是劳动，而是某种自身有机的和绝对的东西。这一阶级的劳动与它的需要没有关系，但它的需要没有劳动就不可能获得满足，因此，这种劳动有必要由其他阶级来承担，把为这一阶级的需要而准备和生产的东西提供给这个阶级，而留给这个阶级的事情就是直接消灭和享受它们。但是，这个阶级与其他两个阶级之间的关系，是一种在实在中持续存在的关系，这种关系将会以可能的形式被纳入［伦理总体性的］无差异之中。这种形式在这里就是平等。由于这种关系就是其他两个阶级为第一阶级提供的某种有用性，因此，他们为第一阶级提供的是就它而言必不可少的东西，它把其他两个阶级的商品和谷物据为己有，因此它必须反过来根据平等原则造福于其他两个阶级。但是，这个阶级［必须首先］以最高的方式存在,然后以他们自己的方式存在。有用性的关系依照它的内容一定程度上是[第一阶级]与其他两个阶级存在区别的关系,根据这种关系,第一阶级对其他阶级拥有绝对的权力,而在一定程度上这种关系又是[第一阶级与其他两个阶级之间]平等的关系,根据这种关系,它以某种内在的方式对它们而言是否定性的。前一种有用性在于,第一阶级是绝对的和真实的伦理形态,并且对于其他阶级而言,是自我运动着和存在着的绝对
[473] 的形象,也是伦理自然所要求的最高的真实直观。这些阶级由于他们的本性停留在这种直观之中。他们不在无限概念的领域之内,根据这个概念,这种直观仅仅就他们的意识而言被设立为某种外在的东西,但严格说来,它意味着他们的绝对的、自己运动自己的精神,这种精神克服了它们所有的差异和规定性。他们的伦理本性获得了这种直观、这种效用,这是由第一阶级提供给他们的。因为这种以客体的形态展示出来的东西是他们绝对的内在的本质,所以,他们的这种本质对他们而言是某种隐藏着的东西,没有与他们的个体性和意识相统一。——根据其他阶级的模式,后一种效用存在于否定物[即劳动]之中,而劳动同样也在第一阶级的方面设立起来了,但是,它是绝对无差异的劳动,是政府和勇敢的劳动。在它与其他阶级的关联中,这种劳动是为了他们的财产和财富的安全,而绝对可以肯定的是,其他阶级远离了勇敢这种德性,至少第二阶级是如此。

b)诚信的阶级[资产阶级]为了需要而劳动,为了财富、收入和财产而劳动。由于涉及这些关系的统一性是某种观念物,某种思想物,为了把差异固定起来,它需要在民族中获得某种实在性。总的来说,它是抽象的、无内容的权力一般,毫无智慧可言①;它的内容通过实在的物的偶然性和存在于物中的任性而设置入利润、契约【和】诸如此类的事物之中。这些关系中的普遍物和法权的要素变成了一种对抗那种有意否定它的特殊性的真实的、物理的强力。这种沉浸于占有和特殊性的状态在这里不

① 这让人回忆起柏拉图的《理想国》,在那里,它仅仅是指有智慧的护国者。——英译者注

再是与绝对的无差异相对立的奴役状态；它是——在最好的可能性上——未差异化，或者是形式的无差异，作为一个人格而在民族中得到尊重，占有者没有由于他的差异和他的全部本质一起消失，没有消失于人格的依赖之中；相反，他的否定的无差异被设立为某种真实物，他因此是一个市民（Bürger），一个资产者，并且被认为某种普遍物。在第一阶级中个体性的所有特殊性都被消灭了，因此它是作为一个普遍物与第二阶级发生关联，第二阶级自身以类似的方式被规定，但是，为了他的占有的固定 [474]
性的缘故，它仅仅【是】某种形式的普遍物，一个绝对的个别物。

由于［资产阶级的］劳动同样是一个普遍物，所以结果是，这种劳动根据它的内容并非朝向需要的总体性，毋宁说，根据它的概念，它为了满足生理的需要而设立了一种普遍的依赖性。劳动及其产品的价值和价格由所有需要的普遍体系来规定，而价值中的任性——它建立在其他人的特殊需要以及剩余是否为他者所必需的种种不确定性这样的基础之上——均被完全扬弃。——劳动的普遍性和所有劳动的无差异被规定为他们的中项，所有劳动都和它进行比较，并且每一份个别的劳动能够直接地和它相互转化；这种中项被设立为一种实在物，即**货币**（Geld）。因此积极的普遍的交换，调停特殊的需要和特殊的剩余的活动，就是**商人**阶级，它是利益交换中的普遍性的最高点。它所生产的东西是，它收集在特殊活动中现成存在的剩余，并因此将其转变为普遍物，它所交换的东西同样也是货币或者普遍物。

物物交换或者财产向某个他者的转移，一般地说是观念性的，部分地是由于广为人知的某个人的占有，这种转移阻挡了占有的普遍承认状态，因为财产及其确定性一定程度上建立在这种转移的基础之上，——部分地是因为同时交易的双方变成经验上分离的，——这种观念性通过以下事实被设立为实在的，即国家的全部权力致力于此，就好像应该要发生的（交易）已经现实地发生了，交换的经验现象变得无关紧要。正像占有或者不占有的经验现象也变得无关紧要一样，重要的是，个体与物品（Sache）之间是否存在着更近或更远的内在的绝对联系，这物品是还是不是他的财产。两者一起构成了超越于物性的财产之上的**正义**(Gerechtigkeit)。

[475] 在自然的幂次上,人格的伤害是无限的,它将会牵涉到荣誉和整体的人格;而在实在的体系中,这种伤害变成了对于伤害的特定抽象;因为在这里个体的无差异是绝对的无差异,即是民族,但是民族是不可能受到[民事过错行为的]伤害的,于是就正好只剩下伤害的规定性和特殊性了。在一个市民身上,总体上,普遍物是极少受到伤害的,所以也同样很少遭到报复或处于危险之中,以至于特殊性除了通过以下方式被解放出来就别无他事了,即它被扬弃,也就是说,伤害者受到别无二致的对待。复仇通过这种方式转化为惩罚,因为复仇是不确定的,而且牵涉到荣誉和整体。在这里,伤害不是由民族来承担的,因为代替特殊的受侮辱者的是抽象的但却实在的普遍性,而不是他的活生生的普遍性,个体的普遍性。

但是,对于诚信而言,活生生的总体性是家庭,或者自然的总体性,某种财产和生计的状况;而为整体生活和儿童教育的经验总体性计,这种状况要尽可能地得到安全保障。

这个阶级既不拥有某种德性,也不能够做到勇敢,因为德性是一种自由的个体性。诚信在于它的阶级的无个体性的普遍性之中,在于它的关系的特殊性之中,毫无自由可言。

这个阶级依靠其生产活动的能动性所能够获得的最高东西,部分地是为第一阶级的需要作出贡献,部分地是为穷人提供援助。两者都在一定程度上是对它的原则的否定,因为前者是根据概念而为普遍物劳动,而后者是根据经验之急难而投身于某种特殊物中。前一种普遍的牺牲是没有生命力的,而后一种更有生命力的牺牲是没有普遍性的。

也因此,家庭的内部关系是根据概念而被规定的。由于急难(Not)而和一家之长联系在一起的东西,都会在一切如家仆这样的联结的人格性那里,通过契约在确定的时间作为绝对的人格而联系在一起。因为每一位家庭成员都是一个绝对的人格,所以他应该能够获得他的活生生的
[476] 总体性,并且成为家长。——当这种联系较少具有人格的性质,而仅仅是就确定的服务和劳动而言的时候,它就是这种关系。

c)粗野的伦理的阶级是**农民阶级**(Bauernstand)。这个阶级的幂的形态是,它必然会处于与物质的需要的关联之中;同时,它以一种更为父权制的方式陷入普遍依赖的体系之中,并且,它的劳动和收益形成一个更大的和更广泛的总体性。

这个阶级的劳动的特征并不是完全理智的,也不是直接与为满足需要而准备一些物相关;相反,这种相关要间接得多,而且它涉及土地、动物和有生命的东西。农民阶级的劳动是强占了生物的潜能,并且因此规定了自为地生产自己的生物。

这个阶级的伦理是对于绝对阶级的信任。根据第一阶级的总体性,这一阶级必须拥有全部的关系和影响。这个第三阶级的野蛮的伦理仅仅在于信任,或者,在压力之下,这个阶级能够向它的行为的个别化开放。①为了它的总体性的缘故,它也能够具有勇敢的德性,它能够在这种劳动中和面临死亡的危险时,与第一阶级联合起来。

Ⅱ.政府

在上述的幂次上,伦理的体系被显示在它的静止中:自为的有机体,像无机体一样在自身之中吸纳自身,而且在它的实在性之中形成了一个系统。但是,目前这次幂,考察的是有机物是如何不同于无机物的;它认识到了普遍和特殊之间的差异,绝对的普遍物如何超越这种差异,以及绝对的普遍物如何永远地扬弃和生产这种差异;换言之,绝对物被归摄于绝对的概念之中,或者,归摄于伦理生活的**绝对运动**或过程之中。这种运动涵盖了所有幂次展开的全过程,并且,第一次真正设立和生产了这个展开过程,这一运动必须在目前的这个幂次上被展示出来。由于目前这次幂的本质是普遍和特殊之间的差异,以及这种差异的扬弃,由于这种有机运 [477]

① 这里似乎是指奴隶制的可能性。在奴隶制中,农民被降低为合法的奴隶,被“分配”给特定的“领主”。因此,它就不再拥有一个真正的阶级的特征,而且,由于受到压迫,它也不再信任在战争中领导他们和在政治上为他们代言的贵族。——英译者注

动必须获得实在性，而这种普遍物的实在性就在于它由数量众多的个体组成的，所以，这种对立可以这样来认识：由于普遍物是实在的，或者是处于个体的掌控之中，以至于，他们真正处于普遍状态和未差异化的状态之中，而在[普遍性和特殊性的]分离中，他们采取了这样一种运动形式，通过这种运动，特殊被归摄于普遍之中，变得与它完全平等。根据权力来衡量的话，实在性中的普遍物要优越于特殊物，因此，无论在哪一次幂上，政府都是形式的，是绝对的普遍物；整体的权力依赖于政府。但是，政府也必须同时是肯定的和绝对的普遍物，而且因此政府是绝对的幂[即第一阶级]。问题总是与这种差异有关，即政府是反对特殊物的真正权能—幂(Potenz)，而个体必然存在于普遍物和伦理的领域当中。**宪法**(Konstitution)这一概念的这种形式的规定，普遍物的实在性，就它与一个特殊物相对立并作为权能—幂和原因而言，也必须同时被看作诸权能—幂的分离状态的总体性。这种体系——这种体系是根据必然性而被规定的，在这种伦理体系中，它们是分离的，作为政府的权能，它是在这种分离中同时为了这每一个规定性而设计出来的——就是真正的宪法。一种真正的伦理总体性必须要推进到这种分离，而政府的概念必须将自己显示为宪法的智慧，因此，形式和意识同样是真实的，就像绝对物以同一性和自然的形式存在着一样真实。总体性只是作为本质的和形式的统一性而存在：两者缺一不可。相对于某种宪法而言，野蛮(Rohheit)是无形式性和自由的扬弃，而在宪法中，没有什么是独特的，整体自身的运动是直接和所有规定的个别性相对立的；因为自由存在于形式当中，并且存在于以下事实之中，即个别的部分——它在整个有机体中是一个从属的系统——在它自己的规定性中，自为地是自我能动的。

因此，这种政府直接分裂成为绝对政府和个别权能的政府。

[478] a)

绝对政府看起来直接就是第一阶级，因为第一阶级对于其他阶级来说就是绝对的权能—幂，就是绝对伦理的实在性，就是其他阶级的真正的被直观到的精神,而其他阶级存在于特殊性的领域。但是,第一阶级本身是与其他阶级相对立的阶级,它必须是比它自己更高的东西,而且有别于其他阶级。这一阶级作为绝对的、普遍的实在性当然就是绝对政府;但是,通过内在精神把有机自然和对它的反射(Widerschein)设立为某种无机的自然,有机自然发展到消灭无机自然并且将它吸收到自身之中的地步,而无机自然则通过自身维持自身的存在。无机自然作为某种绝对的普遍物而存在于概念中,而且,有机自然把普遍物消灭并赋予它以权能(Potenziren)必然会涉及它的特殊物。尽管被纳入概念和无限之中,但它自在地就是特殊性,而这就叫作它的持续存在。相似地,绝对阶级是与[相对阶级的]无机自然相对立的伦理的有机自然,绝对阶级在特殊性之中消耗后者,因此,相对阶级必须为绝对阶级提供生活的必需品和劳动,同时,第一阶级在直观中凭借着这种对立而被个体化;作为一个阶级,第一阶级意识到了第二阶级的差异和第三阶级的野蛮,也因此,它将自己与其他两个阶级分离开来,保持着一种高贵的个体性的情感或者骄傲,这种情感作为一种内在的高贵意识,防止产生那种非高贵的意识以及与那种意识相同的东西,也就是,非高尚的行为。这种精神性的个体化,正如前一阶段的身体性的个体化,设立了一种有机自然与无机自然的关联,而对于这种运动和无机自然的消灭的无意识的限制必须被有意识地设立在伦理领域之中,必须作为确定无疑的和显现的中项而出现;它绝对不能使自己孤立无援,或者不能保持自然的形式;相反,它必须被准确地理解为那种将被消灭的特殊性之界限。这样的知识就是**法律**(Gesetz)。

第一阶级反对其他两个阶级的运动通过下列方式被纳入概念之中,
即它们二者都拥有实在性,二者都受到限制,一个阶级的经验的自由和其 [479]
他阶级的经验的自由一样被消灭。——所有这些阶级的这种绝对的保存必须是最高的政府,根据它的概念,这种保存将能够真正地适宜于不分阶级的全体,因为它是一切阶级的无差异。这样,它必须由那些人组成,那些人好像放弃了他们在某个阶级中的真实存在,纯粹地生活在观念性的存在之中,这些人就是长老和祭司(die Alten und die Priester),这两个群体严格说来是一个群体。个体性的自我建构由于年老(aus dem Alter)而消失了,它已经从生命中失去了形态的和实在性的方面,个体由于被纳入普遍性之中而站在死亡的门槛上,他已经处于半死不活的状态了。由于失去了个体的实在的方面,失去了它的特殊物,长老能够自外于作为个体性的形态和特殊性的他的阶级之上,超越一切有差异的事物,而且能够在它的所有组成部分之中并且通过它的所有组成部分,维持整体。整体的保持能够被单独地与至高无上的无差异的东西联系起来,与上帝和自然联系起来,与祭司和长老(Alten)联系起来;因为,所有其他形式的实在性都存在于差异之中。但是,无差异——自然在长老身上产生的无差异,上帝在仅献身于他的祭司当中产生的无差异,——显现为处于伦理之外的无差异,而伦理看起来必须逃离它自己的领域,而进入自然和无意识的领域。这是必需的,因为这里的问题与实在性相关,而实在性属于自然和必然性。属于伦理的领域的东西,既认识了自然,又把下列二者结合在了一起,一方面是自为地、形式地表达了伦理幂次的规定性的自然的幂次,另一方面是伦理的幂次。在这里,自然就像是[与伦理]相关的一个工具。自然帮助伦理领域的特定理念获得了它的外在显现。作为一个工具,自然必须在形式上与它的理念相适应,而确实没有自为的伦理内容,但是,它根据它的形式的幂次和规定性而与理念相符合。或者,它的内容确切地说无非是可能性,对伦理的规定性的否定。这个被观念地设立的东西需要一个工具,或者它的主观实在性,它的直接的、被纳入它的统一性之
[480] 中的、自在地无差异的肉身(Leib),它看起来自为地被当作它的工具。就观念地被设立为与实在性相对立的理念而言,它的肉身对实在性显现为某种偶然性的东西,某种发现自身、适合自身而且符合自身的东西。在自然中,灵魂直接建立它的肉身,如果没有对方,那么任何一方都既不能被设立,也不能被把握。这是一种原始的、无意识的、没有分裂的合一。但是,在伦理领域中,最早的东西是灵魂从肉身中分离出来,而它们的同一性是一种总体性,或者被重建的同一性。这样一来,对于观念物来说,肉身是作为某种现成物、形式物、自在的否定而被追求的,并且与观念联系

在一起;政府的建构之本质就在于此,即对于灵魂的规定性或者伦理的规定性而言,它的实在性可以认识,就它是伦理的规定性而言,这些规定性将被发现存在于差异之外;但是与此同时,这种工具将不是普遍性的,适用于许多其他东西,而仅仅是适用于这种规定性。因此,一方面,工具要被限制于反对它自己的自然的范围;而另一方面,就它是限制者而言,它是权能一幂一般、一种优势,而不是在本质和精神上与之合而为一。它必须拥有和那个东西共有的完整形态,必须是就特殊性而言的与之合而为一,或者就像已经表达过的那样,它必定会和它一道对以下这点有同样的兴趣,即统治者和被统治者之间的对立,是与差异相对立的无差异、与特殊物相对立的普遍物的外在形式。

因此,长老是对抗所有阶级的绝对无差异的肉身。它缺乏作为个别物的形态的个体性;尽管祭司不是作为听命于自然的无差异而存在,而是作为从自然中夺取来的、自我能动地消灭个体物的无差异而存在,但是,必须注意的是:一定程度上,第一阶级中的长老通过属于它而过着一种神圣的生活;一定程度上,第一阶级的长老自己必须是一个祭司,在从一个成人向一个高龄的老者的过渡中,像祭司一样生活,因此他必须为自己生产一种绝对的和真正的长老;一定程度上,真正的祭司需要作为他的肉身 [481]
的外在的高龄,他的本性的完成不是要进入一个更早的年龄,而是必须等待最高的年龄。

整体的绝对关系之保持[这一使命]被明确地赋予了这个至高无上的政府;它在整体的无限的运动中和在与这个运动的关联中保持绝对的静止。这种政府的智慧影响着所有部分的活力,这种活力是整体的活力,并且只有通过这个整体才存在。但是,整体的活力不是生命之力(Lebenskraft)的抽象,而是在差异中的绝对同一性,是绝对理念。但是,这种差异中的同一性在它的绝对的和最高的外在表达中只不过是在第一次幂中[亦即,在绝对的阶级自身之中]建构起来的诸阶级之关系。它是作为普遍物的绝对,没有任何在特殊的幂中出现的规定性。至高无上的政府这种无差异的理念不对任何特殊性的和规定性的形式产生影响,而这种形式在整体的分裂中显示为它的诸种从属的体系。政府不必在它们之中重复这种理念;否则,它就会成为一种统治它们的形式的权能;相反,一旦这种阶级之间的差异被固化了,它就会继续维持它。因此,在这个意义上,它在它的行动中是否定性的,因为生命物的维持是否定性的。它是政府,因此它是和特殊物相对立的;生命物的绝对的、肯定的灵魂就在于民族自身的整体性之中。就它是政府而言,政府存在于对立之中、现象之中。正因为如此,它只能是否定性的。① 但是,这种对一切事物的绝对否定可能会与绝对理念的绝对关系发生冲突,并且混淆了阶级之间的差别,所以,这种否定必须能够对于任何一种权能被规定的方式进行至高无上的监督。如果没有秩序,无论哪一种权能都将失去控制,不论是就这种权能牢不可拔而言,还是就这种权能能够维持下去而言;当它被一种更高的权能的运动所限制的时候,它要么总体上在这样一种方式中仍然能够保持它
[482] 的存在,要么一段时间里被完全扬弃了。任何事物,如果它能够导致阶级之间的关系出现紊乱,或者能够导致阻碍一个更高权能一幂的自由运动,那么,这种事物在绝对的意义上是有机的,而且处于至高无上的政府的权限范围之内。但是,政府在现象中的否定性事务不能够被理解为,好像它只是像一个监督者那样行动,以及它只是否定性地通过行使否决权来下达禁令。相反,它的否定性的活动是它的本质,它是一种政府的能动性,它与特殊物的关系或者它的现象是一种肯定性的活动,这是就它是在与特殊物的对立中形成而言的。因此,它是立法性质的,是建立秩序性质的,在这种法律和秩序之中,一种自为地组织自己的关系得到了发展,或者,迄今为止某些微不足道的方面在它以前的不受限制中逐渐发展自己,

① 如果一种生命物想要获得保存,它必须持续不断地否定或者消灭对它产生威胁的那些东西。为了被吸收,甚至连它的食物也不得不被"否定"。浏览一下黑格尔后期著作《自然哲学》就可以发现:他总是不断地去思考有关生长和自我保存这样最原始的方面,把它看作先前建立起来的各种确定形式的不断崩溃。为了保持自己的有机统一,生命体确实要消耗自己的实体。因此,在这里就存在着一种为在"器官"中实存而斗争;每个(生命体)都必须有它自己的自我肯定和自我捍卫的形式。在这里,黑格尔将这个类比运用于他的社会结构理论之中。——英译者注

并且开始变得强大起来。首先,它必须在所有情况中都决定,诸系统的不同法权[阶级结构]会【在哪里】产生冲突,而目前的形势不可能将它们维系在一种肯定性的持存状态之中。

在所有的理论体系和现实性体系之中,我们都会遇见一种关于绝对政府的形式的思想,亦即绝对政府是一种有机的中央强力,确切地说,是一种保卫宪法的中央强力。但是:(α)这样一种思想,就像是费希特的监察院(Ephorat)①,在它的否定性的活动中,完全是形式的和空虚的。(β)那么,在一切个别事件中对政府的一切可能的监督要归因于它,因此,这种监督会导致一种普遍物与个别物之间的拙劣的混淆。它应该是可以凌驾于一切之上的权力,发号施令,作威作福,然而,与此同时,作为权力,它却不过是一个无。(γ)这种绝对政府仅仅因为以下原因才是形式的,即它预设了诸阶级之间的差异,也因此,它才真正是至高无上的政府。如果没有预设这一点,那么,实在性的全部权力就会被一小撮人所窃取,无论这一小撮人内部如何四分五裂,乱象丛生,而且,这一野蛮的群体处于顶峰之时拥有的同样是未分割的、野蛮的和缺乏智慧的权力。在这个群体当中,不【可能】存在任何真正的、客观的区别,而盘旋于它的内在差异之上的不过是纯粹的虚无。这样的绝对政府,为了成为绝对的理念,绝对地设 [483]
立了无限的运动或者绝对的概念。在后者之中必须存在各种区别,而且,因为它们存在于概念之中、是普遍的无限物,它们必定是各种体系。只有以这种方式,一个绝对政府和绝对的活生生的同一性才可能存在,但是它诞生于现象和实在性之中。

这种政府的绝对权力的外在形式在于,它不属于任何一个阶级,尽管事实上,它来源于第一阶级。它必须来源于这个第一阶级,因为在实在性

① 参见约翰·哥特利布·费希特:《根据知识学原理的自然法权基础》(耶拿和莱比锡,1796 年,192 页以下):"因此,任何合乎理性和合乎法权的国家宪法的基本法律是,行政权,它包含不可分开的狭义司法权和执行权——与监督和判决如何管理行政权的权力——我想把这种权力称为广义民选监察院——是分开的;[……]"参见《费希特著作全集》第 3 卷,第 440 页。——德文本注

中,野蛮的活生生的同一性,由于毫无智慧且没有被差异化,是第三等的同一性、第三阶级;而第二阶级是这样一个阶级,即在这个阶级中,差异是固定不变的,尽管作为形式的普遍性,统一性与其自身统一在一起,但是,这种统一性盘旋于自身之上。然而,第一阶级却是其他两个阶级清楚的、明镜般的同一性,是它们的精神;但是是通过以下方式,它[与其他两个阶级]处于固定的对立之中,但是它是无限的方面,而其他两个阶级是有限的一面。相较于有限的一面,无限的一面更加接近于绝对,因此,如果允许的话可以这样来表达,绝对自下而上地上升,不断增长,直接走出只是它的形式的和否定的一面的无限,摇摆前行。对于所有的阶级来说,这样的政府都是一种绝对的权能一幂,因为,它凌驾于所有的阶级之上。通过它的权能,它成了一种权力,而且绝不是一种外在的权力,它通过这种权力用一种特殊物对抗另一种特殊物,它拥有一支军队或者某种其他的东西去执行它的命令。相反,它完全从它的对立中撤退回来;不存在任何与它把它自身设置成的和因此而使自己变成的那种特殊物相对抗的东西。相反,它是与特殊物相对立的独一无二的绝对普遍性;作为这样的绝对、观念物、普遍物,它就是上帝的显现,而所有其他与之对立的东西都是特殊物。他的话就是他的格言,它不能够以任何其他形式显现或存在。它直接就是最高的祭司,在他的庇护之下,它对他提出忠告,并接受他的启示;一切人类的事务和所有其他的法令在这里都被宣布为无效。

这既不是一种宣告,宣告这样一种强力是不可侵犯的,也不是一种拣
[484] 选,拣选整个民族成为它的代表,这个代表赋予这个政府以神圣性(Heiligkeit);相反,这样一种认可反而会贬损它的神圣性。拣选和宣告是一种出于自由和意志的行为,因此,它们很容易再次被推翻。力属于凭借经验而意识到的意志和洞见,当每一个这样的个别拣选行动发生的时候,它都是经验的和偶然的,它可以、而且必须能够被撤回。一个民族不会束缚于它的词语、行动和意志,所有这些均来自它们的意识和它们的个别性。另外,这样的绝对政府是神性的,它在自身之中获得批准,它不是被制作出来的;相反,它直接就是普遍物。但是,它的每一次制作(Machen)都自

在地出于自由和意志。

b) 普遍政府

绝对政府是普遍运动的静止的本质，而普遍政府则是这种运动的原因；换言之，它是普遍物，因为普遍物和以某个特殊物的形式出现的特殊物相对立；然而在本质上，普遍物依然是普遍物，为了它的形式的缘故，它是特殊物的决定性因素。

现在，由于普遍政府与运动相关联，当运动发生在个体性、形态和关系的领域时，这种政府的内容和目标均是一种普遍的状况。因为绝对地保持着的东西是绝对政府的本质；普遍政府所能够产生的只是一种形式的普遍性，一种普遍的偶然性，这个时期的民族的某种规定性。这种规定性本身必定不是抽象，不是某种在它的实在性中完全属于特殊性的东西，也绝不是情绪（Affektion）或者普遍物的特殊性，譬如，每一个活着的人都要穿衣服这样的事实，等等。这样的规定性仅仅是作为普遍物的抽象，是个别人的需要。但是，在这一点上作为普遍物的东西是一种权能一幂，它将整体归摄于自身之中，使它成为一种权能一幂，这个普遍物就是普遍政府的对象。普遍政府为作为某种普遍物的需要而操心，并且是以普遍的方式操心。

整体的运动是普遍物从特殊物当中持续的分离，以及把特殊物归摄 [485]
于普遍物之中。但是，这种特殊物是持续存在的分离，由于这个原因，绝对的诸环节或者它们彼此外在互相并立的形式就被烙印在特殊物之上。运动也是以类似的多重方式被规定的。

和特殊物相对立的普遍物，在向外翻转的差异和遮蔽了的同一性的幂上运动着，这种特殊物规定了一种指向消灭的运动；断然被设立为特殊物而且不能够产生同一性的东西，因此就不是绝对的概念或者智力，它只能通过消灭而与普遍物合而为一。

但是，特殊物本身作为绝对概念和有机的总体性，也就是说，作为民族，是一种特殊物；因此，对立着的特殊物双方都不会承认对方，就它们都把自身设立为在观念上被否定的东西、绝对概念中否定的方面,而不是观念性的持存之物而言。发现自身没有获得承认的民族,必将通过战争或者殖民来获得这种承认。

但是,在二次幂上,自我构成的个体性本身不是这样一个幂,它把它的无机的方面、与它相对而立的绝对概念纳入自身之中,并且使它真正地与它自身绝对地合一;通过战争仅仅能产生一种承认,设立一种观念上的平等,一个真正的有生命物。

由于政府把特殊物归摄入普遍物之中,因此,在这个概念中与特殊物相对立的普遍性的环节可以区分为两个环节,就像归摄自身一样;因此,这个归摄再一次显示出它是双重性的,也就是说,一个是实在的归摄,另一个是观念的归摄;在前者中,它是特殊在其中被设立的那个形式的普遍性,而后者是真正的归摄,在其中,特殊物被设定为和普遍物合而为一。我们正在讨论的这两个环节被把握为国家中不同的强力:把普遍物设定为立法权;它在观念上把特殊物归摄为司法权(正义);以及作为执行权的实在的归摄。(康德已经思考过这种实在的归摄,或者作为司法权的三段论的结论;以及观念性的归摄,或者作为实在的归摄的小前提,作为执行权的小前提。)①

[486] 每一种真实的或者活生生的运动都是这三个环节的一种同一性,在政府的每一项行动中,所有这三个环节都统一为一体。它们是它们自己的实在性不能够赋予它们的抽象,或者说它们不能够被构成为或组织为强力(Gewalten)的抽象。立法、审判和执行行为,都是某种完全形式化的、空洞的和缺乏内容的东西。内容使它们变得真实,但是,经由形式与内容的这种联结,它们每一个都立即变成普遍物和特殊物的同一性,或

① 参见伊曼努尔·康德:《法权哲学的形而上学基础》,柯尼斯堡,1797 年,第 165 页。在 § 45 中,在国家组织和分权的理论框架中,康德详细解释说,“每一个国家自身之中都包含着三种权力,[……]就像是一个实践理性推理中的三个命题:大前提,包含着那个意志的法律;小前提,包含着依照法律行事的命令,亦即使之归摄到意志之下的原则;结论,包含着对当前案例中什么是法权所作的宣判(判决)。”参见《康德著作集》第 6 卷,第 313 页。——德文本注

者,变成一种把特殊物归摄于普遍物之中的运动,因此,这种运动将所有三个环节统一于自身之中。这些抽象当然能够获得实在性;它们当中的每一个都自为地与只适用于它们的那些个体相联系。但是,在那种情况下,它们的真正实在性就在于把它们三者统一起来的那一个;或者,因为[三段论的]结论,执法的强力[执法权]就是这种统一,执法的强力理所当然地总是政府;至于其他两者是否是纯粹的抽象和空虚的活动,端赖于执法的强力,而这就是绝对政府;在做出上述区分[立法权、司法权和执法权]和建立起来无强力的强力之后,第一个任务又重新出现了,即认识不是作为自身而是作为政府的执法的强力的任务。

民族的运动因此就是政府,因为运动自身是某种形式的东西,由于在运动中不能自在自为地规定,在运动中保持着关系的东西中哪个是权能一幂,哪个是特殊物;它们在运动中具有关联,这似乎是偶然的,而在民族的运动中则与此相反,普遍物和特殊物显然是相互联系在一起的;绝对的普遍物自身明显地是被规定的,特殊物因而同样是如此。

就直观归摄概念和概念归摄直观而言,有机的运动必须获得承认。但是,因为自我运动之物本质上是有机的,所以,这种区分彻头彻尾地是形式的。把概念归摄到自身之中的直观自身是绝对的概念,反过来,把直观归摄到自身之中的概念自身就是绝对的直观。这种对立形式的出现是外在于这种有机体自身的;此种对立存在于对这种运动的反思中。对于有机体自身而言,对立是以这样一种方式被设立起来的,即就概念显现为 [487]
归摄者而言,有机体被设定为个体,设立为自为的个别存在物,它与作为个别存在者的其他民族个体相对立;也是以下列方式建立起来的,即就直观是归摄者而言,有机体是真实而真正地被归摄于其中的;这种自在的普遍物,是被内在地消灭了的特殊性的决定性因素。就民族、总体性直接地与它自身内在的特殊物相对立而言,总体性特有的东西就是这种特殊物,因为在这里,普遍物被设立为自在(Ansich)。

这种分离,就像已经说过的那样,是一种形式上的分离。运动本身无非是这两种归摄活动的交替。从对立面是个别物的那种归摄于概念之下中,无差异产生了,这种无差异观念性地直观到个别物,个别物因此被设立为在有机体之外的、无差异的特有之物,但是它自身仍然以特殊性的形式存在,直至无差异把个别物也直观为它自身,或者绝对的同一性被建构起来。

被归摄于概念之中的状态,是对一个民族与其他许多外来民族之间的相互关系的抽象;但是,这个有机的过程直接是对这种差异性的一种观念的扬弃,或者说规定性直接就是这个民族自己的规定性,在民族自身中的一种差异,而活生生的运动把它绝对扬弃了。因此,在这里,不可能存在将政府划分为内在政府和外在事物的绝对基础;根本就不存在这样一种体系,这种体系既是在普遍物中得到理解的、从属的体系,同时又是自为存在着的和有机的体系。但是,绝对直观的诸环节,由于它们是被认作有机的,自身必须成为体系,那些内在的和外在的形式在此体系中都是从属性的。那些作为体系而存在的环节,在反思中,必须与外部的东西具有差异;但是,它们在自身之中必定以下面这种方式自在地具有绝对的同一性,即,它不是作为自身而只是作为形式盘旋于它们之上。

运动在总体性当中的**第一个体系**就是这样,即那种绝对的同一性,作为情感,完全隐藏在它之中。

运动的**第二个体系**是普遍物从特殊物当中分离出来的,因此它在运动中是一种双重物:**要么**,特殊物保持为它之所是,而普遍物因此仅仅是
[488] 形式的;——**要么**,普遍物是绝对的,而特殊物完全被纳入它之中。第一体系是正义和战争,而第二体系是教育、文化、征服和殖民。

A.

在前文中,需要体系已经被从形式上把握为一个普遍地相互依赖的物质的体系。因为,就他的需要的总体性而言,没有一个人是完全独立的。他的劳动或者他满足自身需要的所有能力的方式,无法确保其获得满足。他所占有的剩余产品是否能够给予他满足的总体性,依赖于一种不为他所控制的异己的权力。剩余的价值,亦即表达剩余和他的需要之

间的关系的东西，是独立于他的，也是可以改变的。这种价值本身依赖于需要的整体和剩余的整体，而且，这个整体是一种几乎不可认识的、不可见的、不可计算的权力①，因为，这种权力，在与量的关系中，是一个无限多的个别性的总和，而在与质的关系中，则是无限多的特殊质的复合。个别物与整体的这种相互作用，——整体是由许多个别物组成的，而整体作为观念性的东西，又反过来规定作为价值的个别物，——因此一直处于左右摇摆和上下波动之中。在这种波动中，被拥有某种高等价值的整体所规定的个别性聚集了它的财产，并且因此，在整体中出现的剩余又被纳入需要的整体性之中了。由于这种规定性，整体的无差异被视为大量其他特殊质的集合（Menge），显现为它们之间的关系，而这种关系已经发生变化了。那些其他的质必然与那个剩余处于关联之中，而原本具有较高价值的质现在被贬值了。每一个别类型的剩余在总体中都会经受无差异化，并且通过这种纳入总体之中，拿来和普遍需要的整体相比较，它的地位和价值就这样被指定了。由于这个缘故，可以规定他的剩余以及他的需要的价值的个别者，能够在它和所有其他事物之间的关系之外而独立维持它的个别者，是如此之少，正如在其中永恒不变和坚不可摧的东西一 [489]
样寥若晨星。

如此一来，在这个体系中占统治地位的东西显现为无意识的、盲目的需要的整体与它们获得满足的方式。但是，普遍物必须能够控制这种无意识和盲目的命运，由此它就能够变成一个政府。这种整体没有超出对于成批量地考察的、数量巨大的关系进行认识的可能性之外。因为价值、普遍物必须被完全原子式地估算总数，所以，与如此组合在一起的个别种类的［剩余］处于关联之中的认识的可能性只是一个程度的问题。但是，从这种类型的价值本身来看，还是有可能知道剩余是如何与需要发生联系的；这种联系或者价值具有两个方面的意义：从侧面看，这样一种剩余

① 一种几乎不可认识的、不可见的、不可计算的权力。在这里，黑格尔是在呼应亚当·斯密吗？（参阅英文版导论中展开的进一步评论和 74 页及 95 页注释 87）。——英译者注

的生产是否是需要的总体性的可能性,人们是否依赖它以维持生计,以及依照普遍性的方面,某种类型的需要的价值是否与它的需要为之而存在的那个总体性本身不成比例。上述两个方面都必须由直观依据一个人必然需要的全部东西来规定,它们部分地根据不同的气候条件、原始的自然状况来认识,部分地根据文化状况、被认为是一个民族的实存所必需的东西的平均值来认识。自然会自动带来下列状况,有时候能够维持正确的平衡而仅出现微不足道的波动,而其他时候,如果它受到外部条件更为严重的干扰,那么,它就需要更大的波动才能得到恢复。但是在后一种情况下,政府必须出面对抗自然,因为它带来如此剧烈的波动,这种波动由经验的偶发事件引起(但它的影响有时却快捷无比,例如农业歉收的年份;有时姗姗来迟,例如,其他地区发展起来的同样的劳动会导致产品降价,它会取消别的地区剩余产品与总体之间的对称关系);由于自然破坏了[稳定的价格体系的]和平手段,政府必须维持这种手段以保持平衡。某
[490] 种剩余产品价值的下降,以及剩余产品不能满足需要的总体性,这都会破坏民族一部分人的实存和摧毁他们的信心,因为那部分人的实存深系于这些剩余产品的实用性,也关系到对普遍物的信任。[①] 政府是真正的、具有强力的整体,是对于[该民族]各部分无差异的整体,而不是一种抽象物,因此,尽管对于个别类型的剩余——民族的一部分人把它的实在性与之联系在一起——来说,它的确是无差异的,但是,它对于那个部分自身的实存来说不是无差异的。当一种剩余不再适合满足需要的总体性的时候,抽象的平衡状态必将恢复这一适宜性,因此结果就会是:一方面,太多人从事于这种剩余产品,以至于赖之以为生,它的价值就会上升;另一方

① 黑格尔在前面说过,普遍必须能够掌握"这种无意识的和盲目的命运,而成为一个政府"。因此"对普遍的信任"可能意味着信赖一个实际存在的经济体系的稳定状态,但是,这种经济体系还没有"变成一个政府"——亦即,一个政府积极提出和追求的经济计划或政策。但是,一旦信任动摇,就会出现针对政府的不信任,因为政府已经允许经济危机去破坏数量庞大的人的生计。维持"普遍的需要体系"的可靠性正是政府的人物。在这里,无论有没有政府的"管制",这个体系看起来都应该是"普遍性的"。——英译者注

面，如果对这种剩余是一种需要的那些人来说，剩余太少，其价值就会下降。① 但是，【一方面，】实在性和政府会关心太低的价值，因为它会把民族的一部分人置于危险之中，那些人的物质实存依赖于［经济的］整体，现在这种实存因为这个整体而被完全毁灭。另一方面，政府也关心太高的价值，每个人的享受和日常生活的总体性都将因此而受到干扰。政府所关心的这些东西都为平衡的抽象所忽视。作为思考的多余的无差异，这种抽象在平衡的波动中保持在它之外，同时，政府，作为真实的具有强力者和规定差异者，保持在［波动］之外。

但是，这些经验性的波动和形式的、非必要的差异——与这些差异相反，具有强力的政府是无差异的——是偶然的，并不必然会造成平衡之破坏的差异冲动。这次幂的有机原则是个别性、情感、需要，它在经验上是无穷无尽的。就它是自为的和将保持它之所是而言，它把自己设立为没有界限的，而由于它的本性是个别性，它在经验上是无穷无尽的。的确，享受似乎成为一个固定的被规定者、受限者；但是，它的无限性是它的观念性，在这个意义上，它是无限的。作为享受本身，它把自己观念化为最纯粹、最清晰的享受。文明化的享受，就它挥发出野蛮的需要而言，必定 ［491］
会探求或者造成最高贵的东西，它的各种冲动差异越大，它所必然付出的劳动也就越大。因此，刺激的差异和它们的无差异、它们的集中，自然的实在性将之分离开来的这两个方面，应该被统一起来。自为地拥有自然的产品这种总体性的那种无关紧要的东西，应该被扬弃，而仅有它的差异保留下来以供享受之用。

此外，享受的这种观念性也将自己展示为他者状态，展示为在产品的

① 这里的本文或许存在一些差错，因为，黑格尔的表述与他显然信赖的“供求规律”相矛盾。正是当市场上存在太多的商品、服务和生产者去满足实际存在的需求的时候，供应商的“价值”会下降。当然，在商品、服务和生产者处于稀缺状态的情况下，购买者的“价值”（他所追求的权力）会下降。黑格尔的话似乎意味着，“如果有太多人……依赖这种剩余生活，以及如果对这种剩余有需求的人来说剩余太少，那么，它们的价值就会上升；反之，其价值就会下降”。——英译者注

外在联系之中的陌异性，而且，它与稀缺性缠结在一起。这种陌生类型的享受与最舒适的享受一道，通过它的准备方式，通过它的最具特色的满足类型，向整个地球发起攻击。

虽然在经验上是无限的，享受的观念性把自身有限地展示在客观化的、受到限制的享受中，展示在占有中，考虑到这一点，结果是，所有的界限都终止了。

与这种无限性相对立的是享受和占有的特殊性，因为可能的占有——它是享受的幂中的客观要素——和劳动均有它的限度，所以，它们在数量上是确定的，由此来看，一个地方的占有物的积累必然伴随着另一地方占有物的减少。

这种财富的不平等自在自为地是必然的。如果自然的东西能够转化为这一方面，那么，每一种自然的不平等本身都可以表达为财富的不平等。增加财富的冲动无非是把作为占有而存在的特定的个别物纳入无限物的必然性之中。但是，更为普遍的且更为观念性的行业是这样一种行业，它确保自身为自己获得更大的利润。

这种必然的不平等在营利阶级(Erwerbstands)内部把自身划分为众多特殊的营利的阶级，而且将之划分为拥有不同财富和享受的阶层。但是，由于它的量的特征，而量只是一个程度的问题，除了在程度的规定上，它不能有任何别的规定，所以，这种不平等产生了一种主人[和奴隶]的关系。个别拥有巨额财富的人变成了一种权力；他扬弃了彻底的物质依赖性的形式，他依赖某种普遍物，而非依赖某种特殊物。巨额财富同时与
[492] 最深重的贫穷形影相随，——因为，在[富人和穷人的]分离中，双方的劳动都是普遍的和客观的。机械地看，巨额财富一方面产生于观念的普遍性之中，另一方面产生于实在性的普遍性之中。这种纯粹量的要素，直至成为个别化的概念，直至成为劳动的无机的方面，直接是最极端的野蛮状态。营利阶级的第一特征，——也就是说，它有能力对一种在它之外设立的神性的东西进行一种有机的绝对的直观，对之抱持尊敬，——逐渐消失了；开始登上舞台的是蔑视一切高贵事物的禽兽行为。财富的聚集，纯粹

的普遍，智慧的缺乏，是问题之所在（das Ansich）。民族的绝对纽带，亦即伦理的原则，已经消失了，民族也解散了。

政府必须竭尽全力与这种不平等、与它的破坏和普遍的破坏相对抗。政府可以直接通过使高收益更加困难这种外在的方法来开展这项劳动，如果它为了机器和工厂的劳动而宁可牺牲了这个阶级一部分人的利益，使他们屈从于野蛮状态，那么，它必须设法保持全民族的可能的活力。但是，通过自身之中的阶级的构成（Konstitution）来直接促成这一切，是非常必要的，也是十分迫切的。物质依赖的关系是一种绝对的特殊化和对于某种思想物、抽象物的依赖。阶级构成设立了一种活生生的依赖，一种个体间的、一方对另一方的依赖关系，一种并非物质依赖的、内在而积极的联系。说这个阶级是在自身之中构成的，意味着，在它的限制之内它是一个活生生的普遍物。它的普遍性、它的法律和它的法权之所是，是同时存在于诸多个体身上的，并通过他们的意志和他们自己的活动在他们身上获得实现。这个阶级的有机实存使得每一个个别人，只要他还有生命，都与他者合而为一；但是，这个阶级无法在绝对的统一性中存在。因此，它使某一部分处于依赖之中，但是，由于他们的信任和尊敬等而是伦理的；这种伦理扬弃了要素性的东西、纯粹的大多数和数量，而设立了一种活生生的关系。富人被直接强迫通过让其他人更普遍地参与到他们之中，
【以缓和】他的统治关系和其他人对他们的怀疑。【边页：雅典法律规定，[493]
由居民区最富裕的人承担节日庆典的开支。】外部的不平等依靠外部的手段去减少，就像无限物无法放弃自己而委身于规定性，但是可以作为活生生的能动性而实存，这样一来，无节制地积聚财富的冲动就会被消除殆尽。

这种宪法（Konstitution）毋宁属于这个阶级自身的本性和它的有机本质，而不是属于政府；【属于】政府的，是诸种外在的限制。但是，这是特殊物，也就是说，在这个领域内，政府可以通过反对物品的价值无穷无尽的波动，来为个别阶级的继续生存提供物质保障。但是，作为普遍物，政府自身有其普遍的需要：首先，一般而言，第一阶级的需要，这个阶级由于

免除了财产和商业，所以【生活】于一种持续不断而绝对的普遍需要之中；其次，形式上普遍的阶级的需要，这个阶级也就是在其他阶级中的政府机关，他纯粹在普遍的领域中劳动；最后，共同体的需要，即把整个民族自身作为普遍物，例如，他们的公共处所，亦即寺庙、街道，等等。

为了满足这些需要，政府必须要有足够的收入来源，但是，政府的劳动无非就在于，它不劳动，却把[工业的]成熟果实直接收入囊中占为己有，或者在于自己劳动和获取。由于后者[自己劳动和获取]违反了普遍物的本性而停留于特殊物之中，所以，在这里，政府只能是某种形式上的普遍物，而自己劳动和获取只能是一种占有和对这种占有的租借；结果是，这种直接的获取和劳动没有影响政府，而是以效用的形式，以结果、普遍物的形式[影响政府]。前者是对【发现的】成熟果实的占用，而这些成熟果实是已完成的劳动，以作为货币或者最普遍的需要这种普遍物的形式存在的劳动。它们自身就是个别人的占有物，这种占有的扬弃必须具有形式的普遍性的形式或者正义的形式。

但是，税收体系（Das System der Auflagen）会直接陷入矛盾之中：每一个人依照其拥有财产的总量而按一定比例上交税收，这是绝对正义的；
[494] 但是他所拥有的财产不是土地资产和不动产，而是工业中的一些活的无限物、无法核算的东西。如果从形式上来考察，那么，依据它获得的收入对资本进行计算和估计是可能的，但是，收入是完全特殊的东西，不像地产那样是客观的、可知的、可确定的东西。因此，以这种方式，个别地占有无法按照公正的原则被征税，因为它是个别地占有，它本身不具有客观物的形式。

客观的财产，比如地产，可以根据它的生产的可能性所具有的价值来说明，尽管在这里特殊性也总是扮演一个角色；但同时，这种以特殊性的形式表现出来的占有物表现为熟练的技巧，所以不是所有东西都可以包含在价值之下的；况且，如果地产的产品被大量地占用，那么产品的价值就不会处于平衡状态，因为价值所依赖的人群之大小总是保持相同的，如果生产以某种程度减少了，国家的收入也将以同样的程度减少；产品所征之税总是不断增长，愈演愈烈，而它的收入却会以相反的方式表现。这样一来，技能必须同时被征税，不是根据技能所带来的收入，收入是一种特殊物、特有的东西，而是根据获得相应的技能所花费的费用；因此，他所购买的东西制造了一条经由普遍性的形式走出特殊性的通道，或者说，它变成了商品。考虑到同一种环境，也就是说，总量要么保持相同，在这种情况下物品的价值不变，这种工人阶级陷入贫困，要么，接下来的状况是，它的产量会减少，结果是收入减少，同样的情况也会出现在无论哪个税收会减少的产业部门上；这样一来，税收必将扩展到最大程度的特殊的商品上。尽管由此必然会带来需要的减少，但是，这恰恰是限制收入的最佳外部手段，换言之，税收是政府影响这种限制和拓宽经济各个部门的手段。

B. 政府的第二体系：正义的体系 [495]

在政府的第一体系中，普遍和特殊的对立是形式上的。价值、普遍物、需要和所有物、特殊物，并不能规定物品（Sache）的本质，而是外在于它的。本质保持着它与某种需要之间的关联。但是，在这个［普遍性与特殊性］相分离的体系中，本质是观念性的规定性。与需要联系在一起的物品被规定为财产，以至于作为特殊的占有，它在本质上是普遍物；它与需要的关联——需要完全是某种个别物——是某种获得承认之物。物品是我的，【我的物品不是处在被消灭状态】①。但是，在其中我和它站在一起的那种相对的同一性，或者被消灭状态的观念性【即财产】，这种客观性，被设立为存在于人的智力之中的某种主观的东西。由于这个原因，这种同一性［即财产］就是直观，它不是对于个别物的个别直观，而是绝对直观。那种［与需要的］关联具有客观实在性。自我（Ich）是一个普遍物，一种具有存在的确实的东西；这种联系被规定为一种普遍的联系。

中项、这种关联的实在性，就是政府。占有的关系不仅是观念的东西，而且同时也是实在的，所有的自我都设立了这一联系；这一联系的经验自我作为自我的全部集合而实存。这个集合，根据它在数量上的抽象，

① 原文作：它的未被消灭状态。——英译者注

就是公共强力，这种公共强力作为思想着的和有意识的东西，就是政府，在这里即**司法部门**（Rechtspflege）。作为司法部门，政府是所有法权的总体性，但是，就对于物品和这个特定个体的需要之间的关联之兴趣而言，它具有完全的无差异。对政府来说，这样的个体是完全无差异的、普遍的人格。在纯粹的正义中需要考虑的所有东西都是普遍物，即财产和收入的类型的抽象方面。但是，正义本身必须是有某种生命物，而且与人格相关。

以意识的形式存在的法权就是法律（Gesetz），在这里，法律与个别性相关；但是，这种形式是无所谓的，尽管不可避免的是，以意识的形式存在的法权会作为法律而呈现出来。

[496] 法权关心的是个别性，是普遍性的抽象，因为个别性应该在其中继续存在。这种个别性，要么是个体的活生生的存在，或者是个体的相对同一性，要么是被设立为个别性或者相对的同一性的个体的活力自身。

因此，对个别性的否定，通过个别性——而不是绝对的普遍物——而产生的否定，也是一种对他的财产纯粹就其自身而言的否定，或者是对个体的一种活生生的个别性的否定，或者是对活生生的个体的完整性的否定。第二种否定是暴力行为，第三种否定则是谋杀。

在这一点上，绝对政府可以不过问第二阶级和第三阶级——它们在市民法权[民法]中处于第一阶级的位置——的事情，任其自由行动，任他们竭尽全力但又徒劳无功地把绝对地设立起来的财产的有限性纳入无限物之中。这种费心谋取表现为[争取]民事法律的完善，表现为一种关于司法程序的绝对意识，因此，规则就其自身作为规则的形式而言是自足的，而法官将变成一种纯粹的机构，变成对于我们面前的个别性的绝对抽象，而没有活力和对于整体的直观可言。

这种虚假的无限性必将为宪法的有机特征所清除，而宪法的这样一种有机特征把普遍性绝对地纳入特殊物之中。

有机的原则是自由，亦即这样一个事实，统治者本身是被统治者；但是，既然政府在这里作为普遍物与个别性的冲突保持对立，那么，这种

［统治者和被统治者的］同一性必须首先被这样设立起来，以至于这个贵族阶级构建了出身平等，把适合于狭小范围的贵族家庭的宪法推扩到［所有阶级的］整体当中，［使所有人］栖居于相同的公民身份之下，并组成了活生生的统一体。其次，在个别法权判断的现实性中，法律的抽象不是绝对物；相反，全部事务必须根据公平原则以获得诸党派的满意，以及他们的信服和赞同，这个原则把诸党派的整体看作相互补偿的诸个体。

自由的原则在机械主义的宪法中把自身把握为法院这种机构，它是对于他们的争执与决断的一种分析。

在民法的实施过程中，在争执中被绝对否定的只是规定性自身。然 ［497］
而，规定性能够变成充满活力的日常事务、劳动和人格性的事务。但是，在刑法的实施过程中，被否定的不是规定性，而是个体性、全体的无差异、活力和［与之相关的］人格性。

民法中的否定是一种纯粹观念性的东西，但是，它在刑法中却是实在性的，由于这个原因，涉及总体性的否定是实在的。我占有了某个他者的财产，不是依靠抢劫和盗窃，而是因为我宣布它为我所有，并且合乎法权。在此情况下，我承认其他人占有财产的才能；但是，强力和盗窃则否定了这种承认。它们是强迫性的，会涉及全体；它们扬弃了自由，扬弃了普遍状态与得到承认状态的实在性。如果犯罪不能否认这种承认的话，那么，它很可能听命于它所完成的东西，同样很好地听命于他者、普遍物。

因此，民事事务中的正义仅仅能够涉及规定性；刑事司法还必须——在规定性之外——，既扬弃对于普遍性的否定，又扬弃用来取代他者的普遍性——和对立相对立的对立。这种扬弃就是**惩罚**（Strafe），确切地说，这种扬弃是依照普遍性被扬弃的那种规定性被规定的。

Ⅰ. 民事【惩罚】。Ⅱ. 刑事【惩罚】。Ⅲ. 战争。在这里，普遍性和个别性合二为一了，而本质就是这种总体性。在Ⅰ中，本质是普遍性，在Ⅱ中，本质是个别性，而【在】Ⅲ中，是同一性：民族变成了在Ⅱ中存在的罪犯，他牺牲了在Ⅰ中的财富；它支持Ⅰ和Ⅱ中的否定的方面；对于第一阶级来说，Ⅲ是适当的。

C. 政府的第三体系

在这个体系中,普遍物是绝对,它自身是纯粹的规定者。在第一体系中,普遍性是野蛮的、纯粹量的、无智慧的普遍物;在第二体系中,普遍性是概念的普遍性、形式的普遍性、承认。因此,对绝对的普遍物而言,差异
[498] 也存在着;这种差异在普遍物的运动中扬弃了普遍物,但是,它只是一种表面的、形式的差异,差异的本质是绝对的普遍性。与此类似,在第一体系中,差异性的本质是情感、需要和享受;在第二体系中,差异性的本质将是一个个别物、形式的绝对物。就像特殊物一样,普遍物、原因是依照它的本质而被规定的。

I. 教育;II. 教化和规训;从形式上看,第一部分是由天才、发明和科学组成的。实在物是全体,是绝对的普遍物,是民族与生俱来的自我运动的特征,是绝对的文化物(Bildende),是科学的真正和绝对的实在性。发明仅仅涉及个别物,就像是各种个别的科学所做的那样,在这些东西以哲学的形态绝对存在的地方,它们就完全是观念性的。真理中的教化,由于消灭了所有的假象,它是自我发展的、深思熟虑的和有意识的民族;——另一面则是警察,作为个别物中的规训。伟大的规训包括普遍的习俗,【社会的】秩序,战备训练,以及对个体在战争中的诚实性的检验。

III. 生育孩子;一个民族作为这个民族的自我客观生成;政府,民族生产另一个民族的事实。殖民。

一个自由政府可能的形式是:I. 民主制(Demokratie)。II. 贵族制(Aristokratie)。III. 君主制(Monarchie)。上述三种政体每一种都可能变成不自由的:I. 暴民制(Ochlokratie)。II. 寡头制(Oligarchie)。III. 独裁制(Despotie)。外在的因素和机械的要素是同一种东西。区别是由统治者和被统治者之间的关系所导致的;本质是否是同一的,对立的形式是否仅仅是表面的。

君主制政体是在一个个体那里显示的伦理的绝对实在性,贵族制政体是在一些个体那里显示的伦理的绝对实在性。后者有别于通过世袭制而形成的绝对宪法(Verfassung),它更多的是依赖于地产,因为,它拥有绝

对宪法的形式而不拥有它的本质,所以它是最坏的宪法。——民主制在所有个体中显示的伦理的绝对实在性;因此,民主制与占有混合在一起,而没有分离出一个绝对的阶级。对于绝对宪法而言,贵族制的形式或者君主制的形式具有同样的善好。那样的宪法也就是各阶级中的民主制。

在君主制中,必须有一种与君主勠力同心的宗教。君主是全体的同一性,但是是以经验的形态存在;君主越是具有更多的经验,这个民族越是野蛮,君主也就越是具有强力,他也越是独立不倚地构成自身。民族越是和自身、自然与伦理合而为一,它就愈加把神性的东西融入自身之中,愈加沉醉于抵制它的那种宗教中;然后,通过与世界和与自己实现和解,它经历了无宗教和知性共同的想象力的匮乏。 [499]

这种情况同样存在于贵族制中,但是,由于它的父权制的、普遍概念的特征,贵族制政体几乎没有想象力和宗教。

在民主制中,绝对宗教确实存在着,但它是不稳定的,或者还不如说它是一种自然宗教;伦理领域与自然领域束缚在一起,而与客观自然的联系使得民主制对知性来说是可通达的。由于把自然设立为一种客观的东西,——伊壁鸠鲁主义哲学;——宗教必然是纯粹伦理的;绝对宗教的想象力也是如此,还有艺术也是如此,它产生了朱庇特、阿波罗、维纳斯——不是荷马的宗教,在这里,朱庇特和朱诺是空气,尼普顿是水。——这种分离必定是完全的,上帝的伦理运动是绝对的,不是犯罪和软弱[像在荷马的诸神中一样],但是是绝对的罪——死亡[像在十字架上受难一样]。

附录 :《伦理体系》的结论

以下被认为是《伦理体系》的结论以及作为它的基础的讲座手稿的续篇(依据罗森克朗茨在《黑格尔生平》一书第132—141页上的叙述)。①

[132] 在黑格尔哲学体系的末尾,他给他的精神哲学做了一个总结,其最初的意图是要澄清在作为**战争的观念性完成**的民族【生活】中哲学的必要性。② **绝对的劳动**纯粹是死亡,因为它悬搁了确定的个别性;则此之故,阵前之勇会给国家【的生活】带来绝对的牺牲。但是,对于那些没有战死
[133] 沙场的人来说,没有马革裹尸,而且还自私地享受他们自己的个别性,实乃奇耻大辱,因此,只有思辨保持为对于真理的绝对认识,通过思辨的形式,在没有个体的、独立的生活的规定性时,对于无限的纯粹意识才是可能的。"民族的诸个体的绝对意识,相同者的活生生的精神,必定是纯粹的、绝对的意识,无论是形式方面还是内容方面的绝对精神;民族精神变成了自然的和伦理的宇宙之精神。只有这时,精神才在它的绝对的自我平等中,在它的纯粹理念的以太中是绝对的,【以至于】哲学的终结再次

① R. 海姆在《黑格尔及其时代》(*Hegel und seine Zeit*,柏林,1857年)中从手稿本身引用的更多引文已被插入它们适当的位置上了。——英译者注

② 关于这一点,罗森克朗茨肯定是错误的。参看本书第89页注释。——英译者注

返回到它的起点。”①

但是,当黑格尔后来在耶拿口头交流他的哲学的时候,这种终结方式并不令他满意。他进一步澄清了诸种宪法的差异的概念,把在君主制中自由的阶层等同于贵族,它在以服从的形式进行的沉默的斗争中与君权分庭抗礼(也就是说,反对君主制)。但是,更加特殊的是,他不折不扣地贯彻宗教**崇拜**的概念,把它当作这样一个概念,在宗教崇拜中,一个民族逐渐达到最高的自我享受;他以一种由于它的单纯性和可理解性而引人注目的方式做到了这一点。他主张,在**宗教**中,客观世界的实在性自身,与主观性和特殊性一道,被设定为已经被扬弃了的。它(亦即主观性和特殊性)在哪里仍然在普遍理性的最高区域被继续保持为否定的自由,哪怕仅仅是保持为对于艺术品的爱好(正如他批评施莱尔马赫的《论宗教》时所评论的那样,而此书在当时具有划时代的意义),那么,在那里,就没有严肃的意图让**精神显现为精神的形态**。恰恰相反,精神不会因为它的任何个体而感到羞耻(这意味着,宗教共同体不需要宗教经验的艺术鉴赏家),这是宗教的本质;它不会拒绝对任何人显现,任何人都有权力凌驾于其上,有权力用魔法召唤它。对于主观性的扬弃不是完全消灭它,而仅仅是取消它的经验的个体性,通过这种方式,它净化成为对于它(亦即精神)的绝对本质的绝对享受。因为在宗教中,精神的观念形体是实在的,然而它的实在的方面却是观念的;在其中,精神为个体而显现。因此,它首先(imprimis)对于他有一个客观的【权力】的形态,这个

① 罗森克朗茨在这里概述的片段以及他引用的最后部分出自它的片段的当然不是《伦理体系》的一部分。在我们拥有的《伦理体系》的手稿和黑格尔“口头交流的哲学”之间的连续性足够清楚。另一方面,如果它形成演讲课程的一部分,而他有一份这门课程的连续的手稿,那么,罗森克朗茨也不会目眩神迷到在他的残篇中看到黑格尔所谓的“法兰克福”体系的佚失的结论的地步。(他对待可以辨识的讲课手稿就像对待“法兰克福”体系的“说教式的调整”。)因此,即使当他拥有这份手稿,他在这里的引用也是不精确的片段。它是(对我们,正如对他一样)“体系”的结论部分,这不会有错,并且黑格尔提到过“自然的和伦理的宇宙”实际上确保了它不会晚于 1804 年。可以设想,它比《伦理体系》还要早。但是,具有最大可能性的是,它要么是在 1803/1804 年的“第一精神哲学”的结尾,要么是在 1803 年夏季学期的《普遍哲学纲要》(*the philosophiae universae delineatio*)的结尾(请参见《第一精神哲学》的导论,第 200—201 页)。——英译者注

形态作为民族的精神在民族中生活和运动，它在他们所有人当中是活泼泼
[134] 的。在科学中，精神显现为客观的形态，存在的形态，但是，它作为精神也仍然是主观的。在它的主观内容方面，思辨的知识（das Wissen）对于宗教没有特别的优势。宗教的本质驱使精神从经验实存的广度（extension）中离开，而回到强度（intensity）的最高点，为直观和概念把它客观地陈列出来，以至于精神享受它自身和它自己的直观，在这种享受中，它同时是实在的，亦即，它在个体中认识自身，个体也在它之中认识他自身。当经验实存的总体性把自身客观地陈列出来的时候，上帝的本质有一种对精神而言的历史。他的活生生的存在是诸事件和诸行动。一个民族最有生命力的上帝是它的民族的上帝，在它之中，它的精神显现为各种变形，不仅是它的精神，而且是它的经验实存，它的生活的非真理和不确定性，显现为一束个别的特性。在宗教中，精神不仅存在于哲学科学的观念性中，也存在于与实在性的关联中；因此，它必然有一个有限的形态，当它为了自身之故而固定下来时，它构成了每一种宗教的肯定方面。因此，宗教的传统同时表达了两种东西：一方面是精神的思辨的理念，另一方面源自民族的经验实存的限制——不是以以下方式对于理念的限制，即，总体上艺术必须征用这样的限制。由于宗教作为宗教必须排除哲学和艺术，因此，它是一种补充艺术和哲学的活动；它是一种把主观性和自由提升到最高享受的崇拜，因为在神圣的仪式（great service）中，它把它的个别性的一部分奉献给伟大的精神，并且通过这种献祭使他的其他的财产获得自由。通过实现在奉献中消灭个别性，主体保护自己免于欺骗（Betrug）的片面性，即它的升华只是思想的事情。这种行动，对于终有一死者和人的唯利是图的活动的反讽，是和解，是宗教的基本理念。因为个别性想要维护自身而反对理性的普遍性，结果它处于罪之中，
[135] 结果它违法了。在这里，精神只是作为惩罚中的命运而得到和解。和解被提升到惩罚之上，因此而显现为正当的必然性（Gerechte Notwendigkeit）。[1] 由

① Gerechte Notwendigkeit——例如，和解既涉及正义（如惩罚），又涉及必然性（如命运）。——英译者注

于和解总体上只是指向精神,而它不能扬弃确定实存的(因果性的)链条,它不能改变命运中的任何东西。只有反对命运的实际斗争(Energie des kampfes)的本质——作为把全部范围的经验实存置入危险境地的可能性——也是与命运达成和解的可能性,因为精神通过战争的伦理特性使自身摆脱命运而获得自由。

正如黑格尔以当时风靡一时的自然哲学的风格所表达的那样,宗教以下列三种形式登上了世界历史的舞台(这与理性的三个普遍维度相一致,并按照它的经验的差异而在气候变更的限制内[within the bounds of climatic modification]):

(1)以同一性的形式,在精神和它在个体性中的真实存在两者之间最初的和解之中;

(2)以这样一种方式,即精神开始于它的同一性的无限差异,从这种差异中重建相对的同一性,而与它自身达成和解;

(3)这种同一性,由于被归摄于原初的绝对的同一性之下,将把理性以精神的形态存在于一中(being-at-one)和在它的真实存在中的或者个体性中的理性设立为原初的,同时,它设定它的无限的对立与它的重建。

在第一个维度中,宗教作为原初的和解是自然宗教。因为泛神论的自然的想象力自在自为地就是精神,是神圣的。它的上帝没有从任何要素中撤退出去。灾祸可能降临到个别的个体的头顶,但是,上帝不会抛弃自然的任何普遍的方面。精神在某些孤立的环节(moments)中可能会对这样的民族愤怒不已,但是它们之间肯定会达成和解。每日的生活圆周就是与诸神(Gods)进行精神交流,与他们之间相互的给予和接受,每一个外向的运动都充满着作为命运的词语的意义。诸神的形体不能溶解进现实的事物或者历史的解释或者思想之中。美丽神话的永恒观念既不建立在完美的艺术之美的基础上,也不建立在它们表达的理念的真理的基础上,也不建立在属于他们的现实性的基础上,而恰恰建立在所有这些因素的同一性及其不可分割性的基础之上。 [136]

在第二个时期,这个美丽的诸神世界连同赋予它以活力的精神一起消失了。它仅仅作为回忆而继续存在。精神与它的实在性的统一性必须被租用。观念的原则必须以普遍的形式建立自身,而实在的原则把自己牢固地建立为特殊性的形式,而自然像一具遭到亵渎的尸体一样被弃置于它们之间。精神必须放弃居住在活的自然之中,而将自身提升为反对它的一种权力。伦理的悲伤(Schmerz)必须是无限的。当罗马人在把他们的主人的普遍性延伸到已经四分五裂的个别的部分之前,粉碎了诸民族的活生生的个体性,使他们的精神溃退而去,破坏了他们的伦理的时候,悲伤的时刻就来临了。对于这种分裂而言,根本不存在和解,在这种分裂的时代,在这种没有生活的普遍性的时代,在这个世界的无聊中,和平就是所有文明世界的主人,原初的同一性必须从它的被租用的状况中升起,它必须把它的永恒权力提升到它的悲伤之上,而再次抵达它自己的直观。否则,人类种族就会从内部灭亡。因此,在这个不再是自然的世界上被再次唤醒的超凡理性显现的第一个舞台,必须是这样一个民族,它在其实存的整个过程中一直是所有民族中最大程度地受到排斥的民族,因为在这个民族中,悲伤一定是最深重的,所以它的表达必定具有整个世界都可以理解的真理。

基督用这种方式成为一个宗教的建立者,由于他表达了内心最深处
(感受到的)他的整个世界的苦难;他提出了在它之上的精神的神性权
力、和解的绝对确定性,他在他自己身上承担这种确定性;通过他的信
(confidence),他唤醒了其他人的信。他在他与上帝合而为一的确定性中
表达了他的时代的苦难,这种苦难对于自然来说已经变得不真实,在他对
自然的绝对蔑视中,这种苦难变成世界的,和他对于和解的绝对的
[137] 信。——他所表达的对世界的蔑视必然与作为他的死亡的命运的对他的
报复联系在一起。他的死亡证明了对于世界的蔑视并使之成为一个固定
不动的点(亦即新的宗教的不动点)。这两个必要的要素必须成为新的
宗教的枢纽:(1)把诸神从自然中驱逐出去,进而蔑视世界;以及(2)这个
事实,在这种无限分割中,一个人必须在自身之中持有与绝对合一的信

念。在这个人身上，世界再次与精神达成和解。由于整个自然不再是神圣的，而只有这个人的自然能够是神圣的，或者说只是由于他是中心，自然再次变得神圣化了。但是，由于可以确定人自身不是神圣的，人们仅仅在这个人身上看到神圣性，必须使得个体性逐渐达到与绝对精神的合一状态（oneness）依赖于他的位格，所以，他的有限实存（他的定在 Sein Dasein）成为这个宗教自身的起点。这种宗教更加突出的倾向首先在于一定会蔑视世界，以及蔑视作为国家而实存的普遍物。这种蔑视的象征就是十字架，十字架作为世界的绞刑架是最可耻的和最不名誉的事物。【依照海姆的说法，黑格尔的原话是："在我们伦理习俗的语境中，这种新的宗教必定会把绞刑架——，现在的绞刑架就是十字架昔日所是的东西——变成它的斗争的标准"。[①]】和世界的绝对分隔以及反对它以期把它抹除的总体战争的一个更加与众不同的或毫不含糊的（字面意思是"必然的"）标志是不可能建立起来的。

这种绝对分隔的无限悲伤的另一面是在下列信仰中的和解，即上帝已经以人的形式显现，并且因此，他已经使人类本性与以作为物种的代表的这种个别形态出现的它自身达成和解。这种个别的人类形态在它的历史中表达了人类种族的经验实存的全部历史；它必须为了成为这个民族的上帝这样做。但与此同时，它表达这种历史仅仅只是因为它是上帝的历史。换句话说，原则就是无限的悲伤、自然的绝对分裂。没有这种悲伤，和解就既没有意义也没有真理。为了这个幂次（Potenz）的宗教的实存，它必须永恒地生产悲伤，以至于能够永恒地与之达成和解。宗教起源于其中的那个世界的经验状况必定会通过这种和解的宗教的斗争而被扬弃，以至于世界真正更加幸福和更加和谐，但是宗教必须以这种方式超越自身。因此，它 [138]
必须在自身之中承担起这样一个原则，为了无限地达成和解，就要通过这个原则激起无限的苦难。在遭受罪人的死亡的上帝的历史中，它必然具有

① 《黑格尔及其时代》（柏林，1857 年）；Hildesheim1962 年重印，第 509 页，注释 13。——英译者注

这个原则,世界的命运。一个罪人的死亡自身仅仅是个别的死亡。作为普遍必然性的死亡观不能够唤醒宗教的无限悲伤,但是,死在十字架上的他同时既是这种宗教的上帝,又是他的历史,他的历史表达了被剥夺了它的诸神的那个自然的无限苦难。在日常的生活路线中,神圣者受到伤害,神圣者死了。上帝已经在大地上死去的思想,独自表达了这种无限悲伤的情感;正如他从墓穴中复活的思想表达了它的和解。通过他的生与死,上帝纡尊降贵;通过他的复活,人已经变得神圣。这种宗教不能让无限的悲伤和永恒的和解依靠个别的【信徒】偶然的经验性实存。它必须把自身组构成为一种崇拜,通过这种崇拜,悲伤被唤醒而和解被分享。原初的和解在多大程度上在个别的【崇拜者】身上是有生命力的,自然宗教必定只能让它听天由命。但是,能够继续前行着手重建无差异的和谐的宗教必定会产生无限的差异,其方式是,对自然施加暴力,以使得它的和解之重建得以可能。

于是,这便是在基督宗教的完美智慧中所发生的事情了。通过无限数量的祝圣场面(instituted situations),人被引向了由于神圣的死亡和所有生命终有一死而产生的悲伤,然后被从死亡中唤醒,或者通过食用他的身体和饮用他的血液这种最内在的结合方式,在再次与上帝—人(在他之中,种族达成了和解)合而为一中被神圣化。上帝的历史是整个种族的历史,而所有个别的人都经历了种族的全部历史。从被献祭给上帝的
[139] 人开始,所有的自然都再次神圣化了;它是重新被唤醒的生命的神殿。新的献祭被推扩到一切事物之上。帝王的不可一世的权威之神圣性是宗教给予他的;他的权杖相当于一个神圣的十字架。每一块土地都配备专门的神职人员并且到处布满他们的足迹。他们中的每一个人都会为他自己的神圣的和解的历史而感到自负,并且把新的献祭个体化了。对最高和最低的活动中所有个别的行为和所有事物来说,它们已经失去的献祭重新被给予他们了;——降落到所有事物头上的古老的诅咒已经终止了;全部的自然被接纳入恩典的状态,而它的悲伤也已经达成和解。

通过这种重建的宗教,另一面,以思想的形式存在的精神的观念性,被添加到只能实存于自然宗教之中的精神的观念性形式——亦即,艺

术——之上,而民众宗教必定包含了思辨的最高理念,不过不是表达为神话学,而是表达为诸理念的形式。它尊重三位一体的形式的绝对。上帝作为圣父的原则是绝对的思想;那么,他的实在性,在他的创造物中的圣父,永恒的圣子,作为神圣的现实性有两个方面,一方面是真正的神圣性的一面,依照这一面,圣子就是上帝,他具有真正的神性;另一方面,他作为世界的个别性的一面;最后,客观世界与永恒的思想的永恒的同一性,即神圣的精神。因为宗教产生自无限的悲伤,这种悲伤的和解同时客观地具有在作为爱的和解的上帝之中的这种关联;这种爱在其中发现它自己的幸福的那个神圣性作为圣母而出现。

在天主教中,这种宗教是唯一美丽的宗教。新教扬弃了献祭的诗,神圣的个体化,而把普遍性的颜色浇灌在一个以爱国主义的方式神圣化的自然中,再一次把宗教的祖国和上帝的显现转移到远处——远离这个民族自己的祖国。它把无限的悲伤、生命的意义、和解的信念与和平转变成了无 [140]
限的渴望。它在宗教中深深地打上了北方的主体性的总体特征的烙印。既然它在总体上把悲伤与和解的总体循环转变成了渴望,把渴望又转变成了关于和解的思想和知识,既然悲伤因之而被唤起的暴力和【外部的】必然性在它之中消失得无影无踪,那么,它的无限悲伤与和解的特性变成了运气的牺牲品,而且,这种形式的宗教向前挺进达到了与实存的现实性(定在,Dasein)的经验性和解,以及无中介地和无忧无虑地沉浸在司空见惯的经验活动(Existenz)和日常的必然性中。宗教对于经验的生存的提升和神圣化、世界的安息日,已经消失了,生活已成为一种平淡无奇、不再神圣、庸庸碌碌之事。

尽管黑格尔在那时把新教跟天主教一样看作基督教的有限的形式(这一事实已经足够清楚地从上面的叙述中浮现出来),但是,他并没有像许多同辈人一样基于上述理由而皈依天主教。他毋宁相信,经过哲学的中介,第三种形式的宗教将会从基督教中萌蘖而出。他在这种关联中说:"由于【天主教徒的】美和神圣已经【在民族主义之中】沉沦了,它既不可能东山再起,我们也不必有感旧之哀。我们只能承认它大势已去,并且推测它在为更高的事物铺设好道路,它必将取而代之。——换句话说,从我们已经说过的话中可以看到,很明显,重建发生在悲伤源自于它的那个对立的领域之内,到目前为止,全部宗教的形式主要属于关系的对立的幂(Potenz),因为自然是神圣的,但不是由于它自己的精神;它达到了和解,但它仍然自为地保持为跟以前一样的世俗的事物。献祭来自某种外部的事物。整个精神领域还没有从它的地面和土壤中提升到精神的区域。"【在这里,海姆接着说:"这种观念论的领域组成了一个没有规则的危险的王国;它毫无目的跌跌撞撞地来自(tumble from)所有民族的历史和想象以及气候,对于被放置到屈从于它的位置上的自然来说,这没有什么意义或真理,同样也不允许一个民族的个体的精神可以在它之内维护他们的法权;它没有个性化的(eigentümliche)想象力,正如它没有个性化的奉献。"①】"无限的悲伤在神圣事物中是永恒的,而和解自身是面对天堂的
[141] 一声叹息。——一旦外来的献祭从新教中被取消,精神可能冒险把它自己神圣化为它自己的形态的精神,并且在一种新宗教里重建原初的和它自身的和解,在这种宗教中,无限悲伤和完全承受起它的对立都被接受了。但是它将会纯粹地、没有困难地得到分解,如果有一个自由的民族,理性再一次发现它的实在性是一种伦理的精神,这个精神敢于大胆地在它自己的土地上以它自身的崇高呈现出它的纯粹形态。每个个别的【人】都是世界之发展依赖于它的那个绝对必然性的链条上的一个盲目的纽带。每个个别的【人】都能够把他的统治延伸至超出这个链条更大的长度之外,只要他认识到伟大的必然性将要通往的方向,从这个认识中学会说出能够用魔法使它的形态出现的魔性的词语。这种认识既自在地包含苦难的全部能量,在这个世界上进行统治的对立,和两千多年来它发展进程(Ausbildung)中所有的形式,又能把自身提升到高于一切的地步,这种认识,只有哲学能够赋予。"(海姆:通过哲学"理性获得它的生命力[Lebendigkeit],而自然再次获得它的精神。")②

---

① 《黑格尔及其时代》(*Hegel und seine Zeit*),1962 年,第 165 页。——英译者注

② 《黑格尔及其时代》(*Hegel und seine Zeit*),1962 年,第 165 页。——英译者注

德汉术语对照表

absolute Realitaet 绝对实在性
absolute Totalitaet 绝对总体性
absolutes Volk 绝对民族
Abstraktion 抽象
Adaequatsein 相即状态
Aetherizitaet 超越尘世
Affektion 情绪
Allgemeinheit 普遍性
Allheit 大全性
Aneinandergeknuepftsein 相互扭结状态
anorganiesirt 杂乱无章的
Anschauung 直观
An sich und fuer sich 自在自为
Arbeit 劳动
Aristokratie 贵族制
Aufgehobensein 被扬弃状态
Aufheben 扬弃
Aufhebung 扬弃
Alter 老年,长老

Bauerstand 农民阶级
Bedeutung 意谓
Beduerfnis 需要
Begriff 概念
Besitz 占有
Besonderheit 特殊性
Bewusstsein 意识
Bezwingung 征服
Bildende 文化物
Bildung 教化
Briareus 布里亚柔丝
Buerger 市民

Demokratie 民主制
Despotism 独裁制
die Alte und die Priester 长老和祭司
die raechende Gerechtigkeit 复仇正义
Dieselbigkeit 相同性
Differenz 差异

Ehe 婚姻
Ehre 荣誉
Eigentum 财产
Einheit 统一性
Eins 合一
Einssein 合一状态
Einzelnheit 个别性
Elder 长老
Empfindung 感觉
Ephorat 监察院
Erscheinung 现象,出现
Erwerbstand 营利阶级

Existenz 实存

Familie 家庭
Feind 敌人

Gebaerde 姿态
Gedanke 思想
Gefuehl 情感
Gegensatz 对立
Gegenteil 对立物,对立面
Geist 精神
Geld 货币
Genghiz Khan 成吉思汗
Genuss 享受
Gesetz 法律
Gestalt 形态
Gewalt 强权,权力
Gewissen 良知
Gleichheit 平等
Goettlichkeit 神圣性

Handel 贸易
Heiligkeit 神圣性
Herrschaft 主人
Homer 荷马

Ich 自我
ideale 观念(性)的
Idee 理念
ideell 观念的
Identitaet 同一性
indifferentiiert 未差异化的
Indifferenz 无差异
Individualitaet 个体性
Individuum 个体

Inneres 内在的事物
Intelligenz 智力

Kampf 斗争
Knechtschaft 奴隶,奴役
Koerper 物质;躯体
Koerperliches Zeichen 物质性的符号
Konstitution 宪法/构成
Kraft 力
Krieg 战争

lebendiger 有生气的
Lebendiges 生物,生命物
Lebendigkeit 生机,活力
Lebenskraft 生命之力
Leib 肉身
Leisten 交易过程
Liebe 爱

Machen 制作
Macht 权力
Menge 人群,集合
Mensch 人
Mitte 中项
Monarchie 君主制
Mord 谋杀

Negation 否定
Not 急难
Notwendigkeit 必然性

objectiv 客观的
Objective 客观物
Ochlocracy 暴民制
Oligarchy 寡头制

Organisation 组织

Person 人格
Persoenlichkeit 人格性
Pflanze 植物
Pol 极
positive 肯定性的
Potenz 幂,幂次,权能—幂
Potenziren 赋以权能
Potenzsein 幂存在
Preis 价格

Rache 复仇
reale 实在的
Realsein 实在存在,实在状态
Recht 法权
Rechtschaffen 诚信
Rechtspflege 司法部门
Rede 言语
reell 实在的,真实的
Riegierung 政府
Rohheit 野蛮
Rueckwirkung 反作用

Sache 物品
Schein 假象
Sitte 习俗
Sittlichkeit 伦理
Sprung 跳跃
Stand 阶级
Staerke 实力
Strafe 惩罚
Streben 奋力向前
Subjektsein 主体存在,主观状态
Subsumieren 归摄
Subsumierend 归摄者
System der Auflage 税收体系

Tamerlane 帖木儿
Tausch 交易
thumos 愤怒
Totalitaet 总体性
Trieb 冲动
Trennung 分离
Tugend 德性

Ueberfluss 剩余,剩余产品
Unwahrheit 非真理

Verbrechen 犯罪
Vereingung 统一
Verfassung 宪法
Vernunft 理性
Vernuenftige 理性的东西
Verstand 知性
Vertrag 契约
Verwechslung 交换
Verwuestung 浩劫
Volk 民族

Wahrhaftigkeit 诚信
Werkzeug 工具
Wert 价值
Wesen 本质
Widerschein 反射

Zutrauen 信任
Zwerk 目的

译者附识

《伦理体系》是黑格尔早期最早的一部成体系的手稿，它极有可能是1802年至1803年间为在耶拿大学开设“自然权利”课程而撰写的一部讲义。它的英译者H. S. Harris说：“我认为，《伦理体系》最好被看作这种类型的教科书的稿本。这是一种从一系列讲座中提炼出‘科学的’本质的尝试，以便听众在今后的系列讲座中获得一个由之开始的基础。这并不意味着要把它逐字逐句地读出来，而是把它充当讲授者讲课的概要和学生学习的指导线索。实际上，它从来没有到达过学生的手中；稿本上面有一些旁注，大部分是补充性的和说明性的，这一事实有力地表明，黑格尔在完成这本著作之后，至少有一次将其用来进行‘口述’。”这部手稿早在罗森克朗茨的《黑格尔生平》等著作中就有著录，从黑格尔早期著作与思想日益受到重视的20世纪初开始广为人知并受到重视，后来经格奥尔格·拉松整理刊布、流传。

关于这部手稿的意义，尤其是它和成熟的黑格尔哲学之间的关联，前人有很多研究，虽然说法不同，但都强调了它的重要性，兹举数例以证之，译者不再狗尾续貂，附赘悬疣。它的英译者之一H. S. Harris在英译本长长的译者“导论”即将结束时说：“我们必须谨小慎微，不要夸大黑格尔在《伦理体系》中的事业和他成熟的《法哲学原理》中的事业之间的差异。在黑格尔眼中，哲学的理解始终是一种批判性重建的活动，而不只是事关描述性的分析。希腊的观念在他心中一直保持为重要的权威，在这里，他也把这种权威作为政治批评的标准。在《伦理体系》中，他成熟时期政治理论的一般概要已经得到了清晰的描述。但是，在这篇早期论文中描绘的活生生的社会有机体的观念,是黑格尔有意识地建立起来以反对普鲁士和费希特的'国家机器'的;虽然神圣的罗马帝国确然是一具僵尸了,但是弗里德里希大帝的普鲁士还活着。"弗朗茨·罗森茨威格在《黑格尔与国家》一书专门讨论这部手稿的章节中说:"黑格尔把一部手稿命名为《伦理体系》,他为了准备1802年至1803年冬季学期关于自然权利的课程,大概早在——没有课程的——夏季学期——已经写就这部手稿。这是后来黑格尔称之为客观精神的体系部分的第一个草稿,这个部分在体系之内为德国观念论运动开辟了比任何其他哲学新大陆都更多的题材。"在《浪漫的律令》中,拜泽尔把此书归入早期浪漫派的传统,并以它为例证明社会与政治思想在浪漫派中的重要性:"浪漫派的社会和政治思想的核心是他们的社群理想。在根本上,这个理想可以追溯到古典的而非基督教的源头,尤其是柏拉图和亚里士多德。浪漫派的社会和政治思想本质上是一次对古典城邦理想的复兴,以反对格劳秀斯、霍布斯和洛克的现代个人主义传统。……浪漫派的社群理想之 loci classici[经典篇章]有席勒的《审美教育书简》、诺瓦利斯的《信与爱》、施莱格尔的《先验哲学讲稿》、施莱尔马赫的《独白》,以及黑格尔的《伦理体系》"。

本书最初根据 George Lasson 编辑的 System der Sittlichkeit(Philosophische Bibliothek,Volume 144a,Felix Meiner Verlag,Hamburg,1923)进行翻译,在翻译过程中参考了 Horst D. Brant 编辑出版的 System der Sittlichkeit[Critik des Fichteschen Naturrechts](Philosophische Bibliothek,Volume 144a,Felix Meiner Verlag,Hamburg,2002)以及 T. M. Knox 与 H. S. Harris 英译的 *System of Ethical Life*(in *System of Ethical Life* 1802/1803 *and first philosophy of Spirit*[*part III of the system of speculative philosophy* 1803/1804],edited and translated by T. M. Knox and H. S. Harris,State University of New York Press,1979,pp.99-177)。

本书附录"《伦理体系》的结论"转译自 T. M. Knox 与 H. S. Harris 英译的 *System of Ethical Life*(in *System of Ethical Life* 1802/1803 *and first philosophy of Spirit*[*part III of the system of speculative philosophy* 1803/1804], edited and translated by T. M. Knox and H. S. Harris, State University of New York Press, 1979)一书中第一篇译文后的附录,载该书第178—186页。

为了帮助读者更好地理解黑格尔佶屈聱牙、晦涩难通的原文,除了极个别对于原文理解没有什么帮助的注释之外,译者几乎逐译了英译本所有的注释,并从Horst D. Brant编辑出版的System der Sittlichkeit[Critik des Fichteschen Naturrechts](Philosophische Bibliothek, Volume 144a, Felix Meiner Verlag, Hamburg, 2002)中选译了两条注释,这两条注释分别提示了黑格尔在该语境中批判康德和费希特法权哲学相关内容时指向的相应文本段落。为不掠他人之美,注释部分一一标明了出处。正文中以[ ]号给出的文字为原文所无,是译者根据英译和上下文所加,主要是为了补足句子的意思和对可能产生混淆的地方稍做说明。

原文没有索引,为了限制译者在选择译名时从一而终,且帮助有需要的读者按图索骥,本译文请我的学生姜超依照我的译文提示编制了"德汉重要术语对照表",我在他的工作的基础之上做了增删、订正。

最初接触这本书,缘于一位朋友约请我帮忙校订他从英译本转译的《伦理体系》(英译本书名作《伦理生活的体系》)。在校订过程中,我发现很多句子极为费解,只好找德文原著来参考。不参考则已,一经参考,我不禁大惊失色,因为英译中很多地方很难说是翻译,而是几近解释,和原文难免有些距离。这促使我产生了直接从德文本翻译此书的念头。虽然已有翻译德文著作的经验,并且已经通过英文粗通该书大意,但还是没有想到,完全抛开英文而从德文翻译黑格尔的《伦理体系》于我而言,只能说是一件"知其不可而为之"的事情。因为它的手稿性质,因为它只是黑格尔思想形成过程中的一个驿站,很多表述在句法上极为浓缩,在义理上亦极为浓缩,于是,在文句基本意思的理解上出现了一层困难,在如何用清通可读的汉语将它表达出来上又出现一层困难。在翻译过程中,我尽量依照德文,亦步亦趋,遇到实在是百思而不得其解之处,只好参照英文译本,反复琢磨,庶几能得其大意。翻译过程中的甘苦难为人言,我只想说我颇吃了些苦头。唯一可以告慰自己几年辛苦的是,黑格尔《伦理体系》这本书终于译出了。从我第一次接触到这本书，到校订了两三遍译文，前后已经过去了四年的时光。翻译一本薄薄的小册子花了我这么多时间，这份工作居然在我的生命中盘桓了这么久，这是我始料未及的。

英译本实际上先后出自两人（T. M. Knox 与 H. S. Harris）之手，他们都是英语世界黑格尔研究的著名学者。英译本的优劣不必在此评判，但它的形成过程之艰辛以及最后呈现出来的面目之不尽如人意，自不待言。我亦自不敢说这是最终译本。亟盼有专家、读者在阅读过程中不吝赐教，以期修订时译文品质能够百尺竿头，更进一步。

本书译就之后，曾请我的学生姜超和陈林通读了一遍，从中文表达和输入法之误的角度指出不足或错谬之处，供我进一步斟酌改定，在此对他们的热心帮助谨表谢意。本书出版，我的老朋友、人民出版社总编室张振明主任倾力相助，特致谢忱！

王志宏

2019 年 8 月 1 日于昆明

责任编辑:安新文
封面设计:薛　宇
责任校对:张红霞

图书在版编目(CIP)数据

伦理体系/(德)黑格尔 著;王志宏 译. —北京:人民出版社,2020.6
ISBN 978-7-01-022188-5

Ⅰ.①伦… Ⅱ.①黑… ②王… Ⅲ.①法哲学-研究 Ⅳ.①D903

中国版本图书馆 CIP 数据核字(2020)第 094863 号

本书根据 George Lasson 编辑的 System der Sittlichkeit(Philosophische Bibliothek, Volume 144a, Felix Meiner Verlag, Hamburg, 1923)进行翻译。

伦理体系
LUNLI TIXI

[德]黑格尔 著　王志宏 译

人民出版社 出版发行
(100706　北京市东城区隆福寺街 99 号)

北京盛通印刷股份有限公司印刷　新华书店经销

2020 年 6 月第 1 版　2020 年 6 月北京第 1 次印刷
开本:710 毫米×1000 毫米 1/16　印张:6.75
字数:100 千字

ISBN 978-7-01-022188-5　定价:35.00 元

邮购地址 100706　北京市东城区隆福寺街 99 号
人民东方图书销售中心　电话 (010)65250042　65289539